대화의 격(格)을 높여주는 감동의 명언

세계속담

대화의 격[格]을 높여주는 감동의 명언

세계속담

편저 **정태환**
그림 **이재훈**

early bird

UNDERSTANDING AND USING
WORLD PROVERBS

좋은땅

머리말

    오늘날 무수히 많은 직업 중 어느 분야에 종사하든 어학실력이 부족하다면 앞으로 발전해 나감에 있어서 많은 어려움이 따른다는 것은 누구나 주지하는 바입니다. 이런 사실에 입각해서 영어 속담, 한국 속담, 고사성어 등에 관한 관용어 표현들을 공부한다는 것은 매우 중요한 일이라 아니할 수 없습니다.

    속담은 인생의 지혜와 감동을 주는 짧은 표현으로서 예로부터 전해 내려오는 전통적 언어입니다. 또한 속담은 한 나라의 언어와 문화의 이해에도 큰 역할을 합니다. 그 나라 사람들에게 주요한 것이 무엇이며 어떤 행동이 옳고 나쁜가를 잘 알게 합니다. 또 어떤 장소에 얽힌 역사를 가르쳐 주기도 합니다. 예를 들면 농촌에서 유래한 속담은 많은 농사용어를 사용하고 어촌에서 발생한 속담은 바다에 대한 이야기를 알게 할 것입니다.

    이 책에서는 세계 공통어인 영어의 중요성을 십분 깨닫고 서양문화와 동양 문화가 어떻게 다른가를 이해하기 위해서 짧고 감동적이면서, 빈번히 사용되는 영어 속담과 세계 여러 위인들의 명언을 간추려 실었고 아울러 흥미 있는 고사성어와 한국 속담 대부분을 총망라하여 어학실력 향상에 조금이나마 도움이 되도록 온 신경을 집중하였습니다. 아무쪼록 독자 제현들의 행운과 건투를 빌며 이 책 출간에 적극적으로 도움을 주신 관계자 여러분들께도 깊은 감사를 드립니다.

목 차

제3부 고사성어

재미있는 고사성어 이야기

제1부

영어속담

주제(Topics)

- Money(돈)
- Wealth(부)
- Love(사랑)
- Friends(친구)
- Family(가족)
- Food(음식)
- Health(건강)
- Time(시간)
- Speech(언어)
- Wisdom(지혜)
- Genius(천재)
- Animals(동물)

Unit 1
Proverbs about Money

- A fool and his money are soon parted.
  어리석은 자와 그의 돈은 금세 작별한다. (어리석은 사람은 돈을 오래
  지니지 못하는 법이다.)

- A good name is better than riches.
  좋은 이름이 재물보다 낫다.

- A Penny Saved Is a Penny Earned.
  한 푼의 절약은 한 푼을 번 것이다.

- A rolling stone gathers no moss.

  구르는 돌에는 이끼가 끼지 않는다. (직업을 자주 바꾸면 돈을 벌지 못한다.)

- A bird in the hand is worth two in the bush.

  손안에 있는 새 한 마리가 숲속에 있는 새 두 마리의 가치가 있다. (남의 돈 천량보다 내 돈 한 푼이 더 낫다.)

- A golden key can open any door.

  금화는 모든 문을 열 수 있다. (돈이면 안 되는 것이 없다.)

- All that glitters is not gold.

  번쩍이는 것이 모두 금은 아니다. (외관은 믿을 것이 못된다.)

- Buy now, pay later.

  물건 먼저 받고 돈은 나중에 지불한다.

- Beauty is potent, but money is omnipotent.

  미(美)는 백능(百能), 돈은 만능(萬能).

- Credit is better than gold.

  신용이 돈보다 낫다.

- Easy come, easy go.

  쉽게 벌면 쉽게 나간다.

- It takes money to make money.

  돈을 벌려면 돈을 가지고 있어야 한다.

- If you buy what you don't need, you steal from yourself.

  필요하지 않는 물건을 산다면 너 자신이 도적을 맞는 것이다.

- Lend your money and lose your friend.

  돈을 빌려주면 친구를 잃어버린다.

- Money burns a hole in the pocket.

  돈은 주머니에 불구멍을 낸다. (돈이란 조심해 쓰지 않으면 금방 없어

  진다는 경고다.)

- Money can't buy happiness.

  돈으로는 행복을 살 수 없다.

- Money begets money.

  돈이 돈을 낳는다. (돈이 돈을 번다.)

- Money Doesn't Grow on Trees.

  돈은 나무에서 자라는 게 아니다. (돈은 벌기 힘들다.)

- Money is like sea water. The more you drink the thirstier you become.

  돈은 바닷물과 같다. 마시면 마실수록 더 갈증을 느끼게 된다.

- Money Talks!

  '돈이면 안 되는 일이 없다'는 뜻을 나타내고 있다.

- One sows and another reaps.

  한 사람이 씨를 뿌리고 다른 사람이 수확한다. (재주는 곰이 부리고 돈은 되놈이 번다.)

- Money doesn't sleep.

  돈은 잠자지 않는다. (돈의 위력은 대단하다.)

- Money is power.

  돈은 힘이다.

- Money makes the mare to go.

  돈이면 귀신도 부릴 수 있다.

- Money makes the world go round.

  돈이면 지구도 돌게 한다. (돈이면 안 되는 게 없다.)

- Money isn't everything.

  돈이 전부는 아니다.

- Never a borrower nor a lender.

  돈을 빌리지도 빌려주지도 말라.

- Never spend your money before you have it.

  돈을 벌기 전에는 쓰지 마라. (신용카드 찍찍 긋지 마세요!)

- Out of debt, out of danger.

  빚에서 벗어나면, 위험이 없다. 빚이 없어야 마음이 편하다.

- Pour money down the drain.

  하수구에 돈을 붓는다. (돈을 물 쓰듯 한다.)

- Save it for a rainy day.

  힘든 날을 대비해서 저축하라.

- The love of money is the root of all evil.

  금전에 대한 욕심은 모든 악의 근원이다.

- The more you get, the more you want.

  갖을수록 더 갖고 싶어 한다.

- The best things in life are free.

  인생에서 가장 중요한 것은 공짜다. (Love, Happiness, Friendship은 인생에서 가장 중요한 것이다.)

- Who holds the purse rules the house.

  지갑을 쥔 자가 가정을 지배한다.

- You get what you pay for.

  지불한 돈 값어치만큼 얻는다. (싼 게 비지떡이다.)

Proverbs about Wealth

- A rolling stone gathers no moss.

  구르는 돌에는 이끼가 끼지 않는다.

- As long as there is life, there is hope.

  생명이 있는 한 희망이 있다.

- A good beginning makes a good ending.

  시작이 좋으면 끝도 좋다.

- A great fortune is a great slavery.

  많은 재산은 훌륭한 노예이다.

- A rags to riches.

  가난뱅이에서 부자로.

- Credit is better than gold.

  돈보다 신용이다.

- Don't Put All Your Eggs in One Basket.

  모든 계란을 한 바구니에 담지 마라.

- Don't kill the goose that lays the golden eggs.

  황금 알을 낳는 거위를 죽이지 마라. (눈앞의 이익에 눈이 멀어 큰 이익을 놓친다는 뜻.)

- Early to bed, early to rise makes a man healthy, wealthy, and wise.

  일찍 자고 일찍 일어나면 건강하고 부유하고 현명해진다.

- Greed has no limits.

  욕심은 끝이 없다.

- It is better to give than to take.

  주는 것이 받는 것보다 더 행복하다.

- Lightly come, lightly go.

  쉽게 벌면 쉽게 나간다.

- Misfortunes never come single.

  불행은 겹쳐 오기 마련. (설상가상)

- Many a little makes a mickle.

  티끌모아 태산.

- No Sweet Without Sweat.

  땀을 흘리지 않고는 달콤함을 모른다.

- No Pain, No Gain.

  고통 없인 얻는 것이 없다.

- Poverty is no sin.

  가난은 죄가 아니다.

- Spending is quick; earning is slow.

  쓰기는 쉽고 벌기는 어렵다.

- Stop pouring money down the drain!

  낭비 좀 그만 해!

- Save it for a rainy day.

  어려울 때를 대비해서 저축하라.

- Slow and steady wins the race.

  천천히, 꾸준히 노력하면 경주에서 이긴다.

- The rich man is everywhere expected and at home.

  부자는 어디를 가든지 대접을 받게 되어 있다.

- There is no such thing as a free lunch.

  공짜 점심 같은 건 없다. (공짜는 없다.)

- The Grass Is Always Greener on the Other Side of the Fence.

  울타리 반대쪽 잔디가 항상 더 푸르다. (남의 떡이 더 커 보인다.)

- To be born with a silver spoon in one's mouth.

  수저를 물고 태어나다. (부유한 집에서 태어나다.)

- Two heads are better than one.

  백지장도 맞들면 낫다.

- Wealth is well known to be a great comforter.

  재산이 훌륭한 위안자가 되어 줄 수 있다는 것은 누구나 아는 사실이다.

- Waste not, want not.

  낭비가 없으면, 부족함도 없다.

- Waste makes want.

  낭비가 궁핍을 낳는다.

- When poverty comes in at the door, love flies out of the window.

  가난이 한쪽 문으로 들어오면 사랑이 다른 쪽 문으로 도망간다.

- Wealth brings with it many anxieties.

  돈이 많으면 걱정도 많다.

- Wear the old coat and buy the new book.

  옷은 낡은 옷을 입고, 그리고 책은 새 책을 사라.

- Whatever you have, spend less.

  당신이 가진 것은 무엇이든 적게 소비하라.

- We must live as we can, not as we would.

  능력에 맞게 살아야지 살고 싶은 대로 살아서는 안 된다.

- When the rich wage war it's the poor who die.

  부자가 싸움을 걸어왔을 때 죽는 것은 결국 가난한 사람이다.

Proverbs about Love

• Absence Makes the Heart Grow Fonder.

만나지 못하면 그리움이 더 깊어진다.

• A woman's whole life is a history of affection.

여자의 일생은 애정의 역사이다.

• Beauty is only skin-deep.

미모도 가죽 한 꺼풀에 불과하다. (외모가 곱다고 마음까지 고운 것은
아니다.)

• Beauty is in the eye of the beholder.

아름다움은 보는 사람의 눈에만 그렇게 보인다. (제 눈에 안경.)

• Coffee and Love Taste Best When Hot.

커피와 사랑은 뜨거울 때가 가장 좋다.

• Every Jack has his Jill.

헌 짚신도 짝이 있다. (보잘것없는 사람도 짝이 있다는 말.)

• Fortune favors the brave.

운명의 여신은 용기 있는 자의 편이다.

• Handsome is as handsome does.

행동이 훌륭하면 외모도 좋아 보인다. (외모보단 마음씨.)

- He who hesitates is lost.

  망설이면 기회를 놓친다.

- Life without love is like a tree without blossoms or fruit.

  사랑이 없는 인생은 꽃이나 열매가 없는 나무와 같다.

- Love is credulous thing.

  사랑은 속기 쉬운 것이다.

- Love is blind.

  사랑은 눈이 멀었다. (사랑하는 사람은 상대의 결점을 보지 못한다.)

- Love will find a way.

  사랑 앞엔 길이 있다. (연애는 모든 곤란을 극복한다.)

- Love me, love my dog.

  날 사랑하면 나의 개도 사랑해 주세요. (마누라가 예쁘면 처갓집 말뚝 보고도 절한다.)

- Love, and you shall be loved.

  사랑하라. 그러면 사랑받을 것이다.

- Love conquers all.

  사랑이 모든 것을 이긴다.

- Love laughs at locksmiths.

  사랑은 자물쇠를 비웃는다. (자물쇠도 열 수 있다.)

- Love laughs at a distance.

  반하면 천 리 길도 멀지 않다.

- Love is a kind of warfare.

  사랑은 일종의 전쟁이다.

- Love looks not with eyes, but with the mind.

  사랑은 눈으로 보지 않고 마음으로 본다.

- Love, smoke and cough cannot be hidden.

  사랑 연기 기침은 숨길 수 없다. (프랑스 속담)

- Love sees no faults.

  사랑하면 허물이 안 보인다.

- Long absent, soon forgotten.

  오래 안 보면 멀어진다.

- Love yourself first, because that's who you'll be spending the rest of your life with.

  자기 자신을 먼저 사랑하라. 당신의 여생을 함께할 사람이기 때문이다.

- Love is like war. Easy to start, hard to end, impossible to forget.

  사랑은 전쟁과 같다. 시작은 쉽고, 끝나기는 어려우며, 잊기는 불가능하다.

- Love me little, love me long.

  사랑은 가늘고 길게. (나를 조금 사랑하되 오래 사랑하라.)

- Love makes the world go round.

  사랑은 지구도 돌게 한다.

- One cannot love and be wise.

  사랑하면서 동시에 현명할 수는 없다.

- Out of sight, out of mind.

  눈에서 멀어지면 마음도 멀어진다.

- Many waters cannot quench love.

  대량의 물로도 사랑의 불길은 끌 수 없다.

• Man Does Not Live by Bread Alone.

사람은 빵만으로는 살 수 없다.

• Time heals all wounds.

세월이 약이다. (시간이 모든 것을 치료한다.)

• There are as good fish in the sea as ever came out of it.

바다에는 좋은 고기가 얼마든지 있다. (그 사람 말고도 다른 사람이 얼마든지 있다.)

• The course of true love never did run smooth.

진정한 사랑은 자고로 순탄하지 않다.

- There is only one happiness in life, to love and be loved.

  인생에서 유일한 하나의 행복은 사랑하는 것과 사랑받는 것이다.

- Life without love is like a tree without blossoms or fruit.

  사랑이 없는 인생은 꽃도 열매도 없는 나무와 같다.

- What the eye doesn't see the heart doesn't grieve over.

  보이지 않으면 마음도 편하다.

- Where there is love, there is no darkness.

  사랑이 있는 곳엔 어둠이 없다.

Unit 4
Proverbs about Friends

- A Man Is Known by the Company He Keeps.

  사람은 그가 사귀고 있는 친구를 보면 알 수 있다.

- A friend at hand is better than a relative at distance.

  가까운데 있는 친구가 먼 친척보다 낫다.

- A friend in need is a friend indeed.

  필요할 때 친구가 진정한 친구다.

- A dog is man's best friend.

  개는 인간 최고의 친구다.

- A good friend of my son's is a son to me.

  내 아들의 좋은 친구는 나의 아들이기도 하다.

- A friend to all is a friend to none.

  모든 사람의 친구는 누구의 친구도 아니다.

- A man must eat a peck of salt with his friend before he knows him.

  사람은 친구와 한 숟갈의 소금을 나누어 먹었을 때 비로소 그 친구를 알 수 있다. (어려울 때 친구가 진짜 친구다.)

- A buddy from my old stomping grounds.

  예날 내가 발 구르던 땅에서 온 친구. (죽마고우)

- A friend is never known till a man have need.

  어려운 상황이 닥쳐 봐야 누가 친구인지 알 수 있다.

- A friend is easer lost than found.

  친구는 찾기보다 잃기가 쉽다.

- A friend is known in necessity.

  친구는 궁할 때 알 수 있다.

- A life without a friend is a life without a sun.

  친구 없는 인생은 태양 없는 인생이다.

- Adversity tests friendship.

  역경은 우정을 시험한다.

- Birds of a Feather Flock Together.

  깃털이 같은 새들은 함께 모인다. (유유상종)

- Better to be alone than in bad company.

  나쁜 친구와 함께 있느니 혼자 있는 게 낫다.

- Don't lose your friend for your jest.

  농담으로 친구를 잃지 마라.

- Do not tell a friend what you would conceal from an
  enemy.

  적에게 숨기고 싶은 것은 친구에게도 말하지 마라.

- Friendship is a furrow in the sand.

  우정이란 모래판의 이랑과 같다. (우정이란 쉽게 사라지는 것.)

- Familiarity breeds contempt.

  잘 알면 무례해지기 쉽다.

- Friends are lost by calling often and calling seldom.

  친구란 너무 연락을 자주 해도 너무 안 해도 잃게 된다.

- Friends and wines improve with age.

  친구와 포도주는 오래될수록 좋다.

- Familiar paths and old friends are the best.

  익숙한 길과 오랜 친구가 가장 좋다.

- Good friend is like a four-leaf clover: hard to find and lucky to have.

  좋은 친구는 네잎클로버와 같다: 찾기는 어렵고 찾으면 행운이다.

- Good company makes the road shorter.

  길동무가 좋으면 먼 길도 가깝다.

- He is a good friend who applauds me behind.

  뒤에서 칭찬해 주는 친구가 좋은 친구다.

- It is his friends that make or mar a man.

  사람을 만드는 것도 망치는 것도 친구다.

- My best friend is the one who brings out the best in me.

  나의 최고의 친구는 나의 가장 좋은 면을 끌어내 주는 사람이다.

- Many a friend was lost through a joke, but none was ever gained so.

  농담으로 친구를 잃는 경우는 있지만 농담으로 친구를 얻을 수는 없다.

- Near neighbor is better than a distance cousin.

  가까운 이웃이 먼 친척보다 낫다.

- No road is long with good company.

  좋은 짝이 있으면 먼 길도 가깝다.

- One friend in a lifetime is much: two are many: three are hardly possible.

  평생에 한 친구면 상당하다. 둘은 많고 셋은 거의 불가능하다.

- Old friend is better than two new ones.

  옛 친구 하나가 새 친구 둘보다 낫다.

- The best mirror is a friend's eye.

  가장 좋은 거울은 친구의 눈이다.

- The road to a friend's house is never long.

  친구 집에 가는 길은 결코 멀지 않다.

- True friendship is like sound health: the value of it is seldom known until it is lost.

  진정한 우정은 튼튼한 건강과 같아서 그것을 잃어버리기 전에는 그 가치를 알지 못한다.

- Two shorten the road.

  동행자가 있으면 길도 짧게 느껴진다.

- The only way to have a friend is to be one.

  친구를 갖는 유일한 방법은 친구가 되어 주는 것이다.

- Two's company, three's none.

  둘이면 친구, 셋이면 남이다. (둘이면 사이좋은 친구가 되나 셋이 되면 서로 싸우면서 갈라진다.)

- There are three faithful friends-an old wife, an old dog, and ready money.

  충성스러운 친구 셋이 있다. 늙은 아내, 늙은 개, 그리고 현금이다.

- Two peas in the same pod!

  한 꼬투리 속에 있는 두 개의 완두콩. (친한 두 친구를 일컫는 말.)

- We can live without a brother but not without friends.

  형제 없이는 살아도 친구 없이는 못 산다.

- We cannot be too careful in choosing our friends.

  우리가 친구를 선택함에 있어서 아무리 신중해도 지나치지 않다.

Unit 5
Proverbs about Family

- Blood Is Thicker Than Water.

  피는 물보다 더 진하다.

- A brother is a friend given by nature.

  형제는 자연이 준 친구이다.

- A mother's heart is always with her children.

  어머니의 마음은 항상 아이들과 같이 있다.

- A husband with one eye is rather than one son.

  한쪽 눈의 남편일 지라도 한 아들보다 낫다.

- A bustling mother makes a slothful daughter.

  분주한 어머니는 게으른 딸을 만든다.

- A man too good for the world is no good for his wife.

  세상에 대해 너무 좋은 사람은 아내에게는 좋지 않다.

- A virtuous wife rules her husband by obeying him.

  정숙한 아내는 복종함으로써 남편을 지배한다.

- A father maintains ten children better than ten children one father.

  자식이 한 아버지를 섬기기보다 한 아버지가 열 자식을 기르는 게 더 쉽다.

- Children are a poor man's riches.

  자식들은 가난한 사람의 재산이다.

- Charity begins at home.

  자선은 가정에서 시작된다.

- Don't be lion in your house.

  집에서 사자 노릇 하지 마라.

- East or west, home is the best.

  서쪽, 동쪽 어디를 가 보아도 집이 최고다.

- Father's virture is the best heritage for his child.

  아버지의 덕행은 항상 최상의 유산이다.

- He who does not honor his wife dishonors himself.

  아내를 존중하지 않는 이는 자신을 모욕하는 것이다.

- Like Father, Like Son.

  그 아버지에 그 아들. (부전자전)

- One good mother is worth a hundred schoolmasters.

  한 명의 좋은 어머니는 백 명의 학교 선생님들에 해당하는 가치가 있다.

- One father is more than a hundred schoolmasters.

  백 명의 스승보다 한 명의 아버지가 낫다.

- Observe the mother and take the daughter.

  그 어머니를 관찰하고 나서 그 딸을 택하라.

- Our brothers keep careful accounts.

  형제들이라도 계산은 신중하게 해야 한다. (중국 속담)

- Spare the Rod and Spoil the Child.

  매를 아끼면 아이를 망친다.

- The hen's eyes are with her chicken.
  암탉의 눈은 그의 병아리에 가 있다.

- The skin is nearer than the shirt.
  셔츠보다는 피부가 가깝다. (팔은 안으로 굽는다.)

- The apple doesn't fall far from the tree.
  아이들은 그들 부모를 닮는다.

- The family is one of nature's masterpieces.
  가정은 자연의 걸작 중 하나다.

- The owl thinks her own young fairest.
  부엉이도 제 새끼가 제일 예쁘다고 생각한다.

- There's no place like home.
  가정같이 행복한 곳은 없다.

- There is no rest for a family with many children.
  아이들 많은 집안에서 휴식은 없다. (가지 많은 나무에 바람 잘 날 없다.)

- Who has a bad wife is poor in the mist of riches.
  나쁜 아내를 갖는 자는 재물 속에서도 가난하다.

Proverbs about Food

- A hungry man is an angry man.

  배고픈 사람은 화난 사람이다.

- Beggars Can't Be Choosers.

  거지에게는 선택권이 없다. (얻어먹는 주제에 쓰다 달다 할 수 있나?)

- Bread is better than the songs of birds.

  새의 노랫소리보다는 빵이 더 좋다. (금강산도 식후경.)

- Don't bite off more than you can chew.

  씹을 수 있는 만큼만 깨물어라. (지나친 욕심을 부리지 마라.)

- Don't bite the hand that feeds you.

  너에게 먹이를 주는 손을 물지 마라. (배은망덕하지 마라.)

- Eat in measure and defy the doctor.

  알맞게 먹으면 아플 일이 없다.

- Eat breakfast like a king, lunch like a prince, and dinner like a pauper.

  아침은 임금님처럼, 점심은 왕자처럼, 저녁은 거지처럼 먹어라. (저녁보다는 점심을, 점심보다는 아침을 잘 먹어야 왕성하게 일할 수 있고 편안히 잠잘 수 있어 건강에 좋다는 뜻이지만 현대인들에게는 어색한 표현임.)

- Few die of hunger, many die of food.

  굶어 죽는 자는 적고 과식으로 죽는 자는 많다.

- Good wine needs no bush.

  좋은 술에는 간판이 필요 없다.

- He that would have the fruit must climb the tree.

  과일을 먹고 싶은 사람은 나무에 올라가야 한다.

- He that eats least eats most.

  소식이 대식이다. (소식이 건강에 좋다.)

- Half a loaf is better than no bread (or none).

  반쪽의 빵이라도 없는 것보다 있는 게 더 낫다.

- Hunger is the best sauce.

  배고픔이 최고의 양념이다. (시장이 반찬이다.)

- Hope is the poor man's bread.

  희망은 가난한 자의 양식이다.

- It's a pie in the sky.

  그림의 떡.

- No labor, no bread.

  일하지 않으면 먹지 마라.

- One should eat to live, not live to eat.

  먹기 위해 살지 말고, 살기 위해 먹어라.

- One man's meat is another man's poison.

  어떤 사람의 고기가 다른 사람에게는 독이 되기도 한다.

- One rotten apple spoils the barrel.

  썩은 사과 하나가 한통의 사과를 망친다. (미꾸라지 한 마리가 온 웅덩이를 흐린다.)

- The belly has no ears.

  배는 귀를 가지고 있지 않다. (배가 고프면 아무 말도 들리지 않는다.)

- Too Many Cooks Spoil the Broth.

  요리사가 많으면 국을 망친다.

Unit 7
Proverbs about Health

• A Sound Mind in a Sound Body.

건강한 신체에 건강한 정신.

• A good medicine tastes bitter.

좋은 약은 입에 쓰다.

• A fool does not care about his health.

어리석은 자는 자신의 건강을 돌보지 않는다.

- A feeble body enfeebles the mind.

  허약한 육체는 마음을 허약하게 만든다.

- A little labor, much health.

  조금 일하면 건강이 좋아진다.

- A disease known, is half cured.

  무슨 병인지 알게 되면 반은 치유된 셈이다.

- Anybody who think money is everything has never been sick.

  돈이 최고라고 생각하는 사람은 아직 아파 보지 않은 사람이다.

- An Apple a Day Keeps the Doctor Away.

  하루 한 알의 사과를 먹으면 의사를 멀리 한다. (매일 사과 하나를 먹으면 건강에 좋다.)

- Bitter spills may have wholesome effect.
  쓴 약은 몸에 좋은 효과가 있다.

- Better to be poor and healthy rather than rich and sick.
  부유하고 아픈 것보다 가난하고 건강한 것이 더 낫다.

- Conscience is to the soul what health is to the body.
  양심의 영혼에 대한 관계는 건강의 신체에 대한 관계와 같다.

- Don't live in to town where there are no doctors.
  의사 없는 마을에 살지 말라.

- Diseases are the interest of pleasure.
  질병은 쾌락의 이자다.

- Feed a cold and starve a fever.
  감기는 먹어야 좋고 열병에는 굶어야 좋다.

- Health is better than wealth.
  건강이 재산보다 낫다.

- Happiness lies first of all in health.
  행복은 무엇보다도 건강에 있다.

- He who has health has hope, and he who has hope has everything.

  건강한 이는 희망이 있고, 희망을 가진 이는 모든 것을 가졌다. (아라비아 속담)

- Humor and health, the staples of wealth.

  웃음과 건강은 부의 핵심 요소이다.

- Health is not simply the absence of sickness.

  건강이란 단순히 질병이 없다는 것을 의미하는 것만은 아니다.

- Health is not valued till sickness comes.

  건강은 병이 찾아올 때까지는 등한시되는 법이다.

- Ignorance is bliss.

  모르는 게 약이다.

- Iron not used soon rusts.

  쓰지 않는 쇠는 곧 녹슨다.

- Keep your feet warm and head cool.

  건강하려면 발은 따뜻하게, 머리는 신선하게 유지하라.

- Laughter is the best medicine.

  웃음이 최고의 약이다.

- Laugh and grow fat.

  웃으면 복이 온다.

- May cold is a thirty-day cold.

  5월 감기는 삼십 일 감기다. (5월에 걸린 감기는 오래 간다.)

- Many dishes make many diseases.

  다식이 많은 병을 부른다.

- Nature has always been stronger than education.

  자연(본성)은 항상 교육보다 더 강하다.

- New meat begets a new appetite.

  새로운 음식은 새로운 입맛을 돋는다.

- No medicine can cure folly.

  어리석음을 고쳐 주는 약은 없다.

- Prevention is better than cure.

  예방이 치료보다 낫다.

• A Well Spent Day Brings Happy Sleep.

하루를 잘 보내면 행복한 잠을 잘 수 있다.

• Sleep is better than medicine.

잠이 약보다 낫다. (잠이 보약이다.)

• Time heals all sorrow.

세월이 모든 근심을 치료한다. (세월이 약이다.)

• The beginning of health is to know the disease.

건강의 시작은 병을 아는 것이다.

• The sickness is every man's master.

병은 모든 사람에게 주인 노릇을 한다.

- The first property is health.

  첫째 재산은 건강이다.

- The healthy know not of their health, but only the sick.

  건강한 사람들은 건강을 모르고 병자들만이 이를 안다.

- To the well man, every day is a feast.

  건강한 이에게는 매일이 축제다.

- What can't be cured must be endured.

  치료할 수 없으면 참아야 한다.

- Where there's a will, there's a way.

  뜻이 있는 곳에 길이 있다.

- Time Flies Like an Arrow.

  시간은 쏜살같이 날라 간다. (시간은 빠르다.)

- Art is long and life is short.

  인생은 짧고 예술은 길다.

- A day after the fair.

  박람회 다음 날. (사후 약방문, 버스 지나간 뒤 손 흔들기.)

- An egg of an hour.

  한 시간 지난 달걀. (최상의 품질을 말함.)

- After a storm comes a calm.

  폭풍우가 지나가면 고요가 찾아온다.

- He laughs best who laughs last.

  마지막에 웃는 자가 최후의 승자다.

- Better late than never.

  안 하는 것보다 늦게라도 하는 것이 낫다.

- The die is cast.

  주사위는 던져졌다. (화살은 이미 시위를 떠났다.)

- Don't give up easily even if you failed.

  당신이 실패한다 해도 쉽게 포기하지 마세요.

- Don't waste your youth.

  젊음을 낭비하지 마라.

- Don't put new wine into old bottle.

  새 술은 헌 병에 담지 마라. (새 술은 새 부대에.)

- Early ripe, early rotten.

  일찍 익으면 일찍 썩는다. (조숙하면 조로한다.)

- Everything comes to him who waits.

  기다리는 자에게 복이 온다.

- Every minute seems like a thousand.

  매분이 천분 같다. (일각이 여삼추)

- Envy and wrath shorten life.

  시기와 분노는 인생을 단축시킨다.

- Fortune knocks once at every man's door.

  누구에게나 한 번의 행운은 온다.

- He who hesitates is lost.

  망설이다가 기회를 잃는다.

- History repeats itself.

  역사는 반복한다.

- If you don't walk today, you will have to run tomorrow.

  오늘 걷지 않으면 내일은 뛰어야 할 것이다.

- Life is but an empty dream.

  인생은 일장춘몽. (허무한 꿈.)

- Life is unfair, get used to it.

  인생은 불공평하다. 그러니 익숙해져라.

- More haste, less speed.

  급할수록 천천히. (바쁠수록 돌아가라.)

- There is No time like the present.

  지금이 가장 적절한 때다. (중요한 일을 뒤로 미루면 안 된다.)

- Never put off till tomorrow what you can do today.

  오늘 할 일을 내일로 미루지 마라.

- Old man is twice a boy.

  노인은 두 번째 어린이.

- One cannot put back the clock.

  시곗바늘을 되돌려 놓을 수는 없다. (세월을 되돌릴 수는 없다.)

- Punctuality is the soul of business.

  시간 엄수는 비즈니스의 영혼이다.

- Pain past is pleasure.

  지나간 고통은 즐거움이다.

- Rome was not built in a day.

  로마는 하루아침에 이루어진 것이 아니다.

- Strike While the Iron Is Hot.

  쇠가 달구어졌을 때 때려라. (기회를 놓치지 말라는 뜻.)

- The future depends on what we do in the present.

  미래는 현재 우리가 무엇을 하고 있는가에 달려 있다.

- Time and tide wait for no man.

  시간과 조류는 사람을 기다리지 않는다.

• The Early Bird Catches the Worm.

일찍 일어나는 새가 벌레를 잡는다.

• Time is the great physician.

시간은 위대한 의사다.

• Time heals all wounds.

세월이 약이다.

• Time is gold.

시간은 금이다. (소중하다.)

• When in rome, do as the romans do.

로마에 있을 때는 로마법을 따르라.

• You're Never Too Old to Learn.

배움에는 나이가 없다.

Proverbs about Speech

- Actions Speak Louder Than Words.

  말보다 행동이 더 중요하다.

- A tale never loses in the telling.

  말은 되풀이되면서 커지기 마련이다.

- A fool may talk, but a wise man speaks.

  우매한 자는 지껄이지만 현명한 자는 이야기한다.

- A bad excuse is better than none.

  형식뿐인 사과가(변명이) 안 하는 것보다 낫다.

• A Picture Is Worth a Thousand Words.

한 장의 그림이 천 마디 말의 가치가 있다.

• Bad news travels fast.

나쁜 소문은 빨리 전해진다.

• Birds hear what is said by day, and rats hear what is said by night.

낮말은 새가 듣고 밤말은 쥐가 듣는다.

• Count to ten before you speak.

말하기 전에 열을 헤아려라. (생각하고 행동하라.)

• Do as you would be done by.

네가 대접받고 싶은 대로 행동해라.

- Empty vessels make the most sound.

  빈 수레가 요란하다. (15세기 영국 속담)

- Evil words corrupt good manners.

  나쁜 말을 하면 행실이 나빠진다.

- From listening comes wisdom, and from speaking repentance.

  귀담아 듣는 것은 지혜를 가져다주고, 지껄이는 것은 후회를 가져다

  준다.

- Fine words butter no parsnips.

  멋진 말로는 파스닙(식물 이름)에 버터를 바를 수 없다. (말만 그럴듯

  해 봐야 아무 소용없다.)

- Fools and madmen speak the truth.

  바보와 미친 사람은 진실을 말한다.

- Find a woman without an excuse.

  변명하지 않는 여자를 찾으시오. (있을 수 없는 일에 대한 비유.)

- Good words cost nothing.

  좋은 말을 하는 데 돈 드는 것은 아니다.

- Good words are worth much, and cost little.

  좋은 말은 비싼 가치가 있으며 거의 비용이 들지 않는다.

- His bark is worse than his bite.

  본성이 주둥이만큼은 고약하지 않다. (어떤 사람의 행태를 개에 비유한 속담. 본성을 bite로, 주둥이를 bark에 비유.)

- He who gives fair words feeds you with an empty spoon.

  좋은 말만 하는 자가 너에게 빈 숟갈을 줄 것이다. (좋은 말만하는 사람에게서 얻을 수 있는 것은 없다.)

- Ill news runs apace.

  나쁜 소문은 빨리 퍼진다.

- It is not good to listen to flattery.

  감언이설에 넘어가지 말라.

- In conversation discretion is more important than eloquence.

  대화에서는 사리분별을 가려서 말을 하는 것이 웅변에서 청중을 사로잡는 것보다 더 중요하다.

- Language is the dress of thought.

  언어는 생각의 옷이다.

- Let's get to the point.

  곧장 요점에 들어가도록 하자. (거두절미)

- No one can keep a secret.

  비밀을 지킬 수 있는 사람은 없다.

- No news is good news.

  무소식이 희소식이다.

- Out of the mouth comes evil.

  재앙은 입으로부터 생긴다. (말을 잘못하면 화를 입는다.)

- Practice what you preach.

  말과 행동이 일치하도록 하여라.

- Promise little, do much.

  약속은 적게 하고 실천은 많이 하라.

- Saying is one thing and doing is another.

  말과 행동은 별개의 문제다. (언행일치는 쉽지 않다는 뜻.)

- Silence is golden.

  침묵은 금이다.

- Silence gives consent.

  침묵은 승낙의 표시이다.

- Seeing is believing.

  보는 것이 믿는 것이다. (백문이 불여일견)

- Speech is silver, but Silence is gold.

  웅변은 은이요, 침묵은 금이다.

- Talk of the devil, and he is sure to appear.

  악마를 말하면 틀림없이 그가 나타난다. (호랑이도 제 말하면 온다.)

- Talking to the wall.

  벽에 대고 말하기. (쇠귀에 경 읽기.)

- The eyes have one language everywhere.

  눈은 어디서나 하나의 언어다. (눈은 만국 공통어.)

- Think today and speak tomorrow.

  오늘 생각하고 내일 말하라.

- The tongue wounds more than a lance.

  혀는 칼보다 더 많은 상처를 준다.

- The greatest talkers are the least doers.

  가장 수다스러운 사람이 행동은 가장 적게 하는 사람이다. (빈 수레가 요란하다.)

- Talk of angels and you will hear the flutter of their wings.

  천사에 대해 말하면 너는 천사들의 날개 치는 소리를 들을 것이다. (호랑이도 제 말하면 온다.)

- The Pen Is Mightier than the Sword.

  펜이 칼보다 더 힘이 세다.

- Too much agreement kills a chat.

  대화에서 상대편의 말에 너무 동조하는 것도 대화의 분위기를 그르치는 것이다.

- Walls have ears.

  벽에도 귀가 있다. (낮말은 새가 듣고 밤말은 쥐가 듣는다.)

- When the word is out it belongs to another.

  말이 일단 밖으로 나가면 그것은 다른 사람의 소유다. (한 번 뱉은 말은 되돌릴 수 없다.)

- You can't teach an old dog. new tricks.

  늙은 개에게 새로운 재주를 가르칠 수 없다. (나이 든 사람은 새로운 것을 배우기 힘들다.)

Proverbs about Wisdom

- A drowning man will catch at a straw.

  물에 빠진 사람은 지푸라기라도 붙잡는다.

- A final success will be made after repeated attempts.

  열 번 찍어 안 넘어가는 나무 없다.

- A Bad Worker Always Blames His Tools.

  서툰 일꾼이 연장만 나무란다.

- A small leak will sink a great ship.

  작은 누수가 큰 배를 침몰시킨다.

- A little knowledge is a dangerous thing.

  조금 아는 것은 위험하다. (선무당이 사람 잡는다.)

- A stitch in time saves nine.

  제때의 한 바늘(한 땀)은 아홉 바늘(아홉 땀)을 절약한다. (호미로 막을 것을 가래로 막는다.)

- A straw shows which way the wind blows.

  지푸라기 하나로 바람 부는 방향을 안다.

- A chain is only as strong as its weakest link.

  쇠사슬의 강도는 가장 약한 고리에 달려 있다.

- All roads lead to Rome.

  모든 길은 로마로 통한다. (같은 목적에도 여러 가지 방법이 있다.)

- All work and no play makes Jack a dull boy.

  공부만 하고 놀지 않으면 우둔해진다. (놀 때 놀고, 일할 때 일하는 것이 좋다는 뜻.)

- Be content; the sea hath fish enough.

  만족해라, 바다엔 충분한 고기가 있다.

- By others' faults wise men correct their own.

  현인들은 남의 허물을 보고 자신의 허물을 고친다.

- Don't cast your pearls before swine.

  돼지 앞에 진주를 던지지 마라. (돼지 목에 진주 목걸이.)

- Don't look a gift horse in the mouth.

  선물로 받은 말의 입속을 들여다보지 마라. (말의 이를 보면 젊은 말인
  지 아닌지를 알 수 있다. 요즘으로 말하면 선물한 물건이 얼마짜리인
  지 가격표를 보는 것과 마찬가지의 실례를 범하는 것이다.)

- Dry shoes will not catch fish.

  신발이 젖지 않으면 물고기를 잡을 수 없다.

- Everything has its seed.

  모든 것은 원인이 있다.

- Experience is the best teacher.

  경험이 최고의 스승이다.

- Every man has his faults.

  모든 사람은 결점이 있다.

- Every excess becomes a vice.

  모든 지나친 것은 악이 된다.

- Every man for himself, and God for us all.

  사람은 자신만을 위하고 신은 모두를 위한다.

- Forgive and forget.

  용서하고 잊어라.

- Fish and guests smell in three days.

  생선과 손님은 3일만 되면 냄새가 난다.

- Good advice is hash to the ear.

  좋은 충고는 귀에 거슬린다.

- Going to law is losing a cow for the sake of a cat.

  법원에 가는 것은 고양이를 얻기 위해 소를 잃는 것이다. (법적으로 해
  결해서 좋을 게 없다.)

- Grasp all, lose all.

  다 잡으려다 다 잃는다.

- Give the devil his due.

  싫은 사람이라도 인정할 것은 인정하라. (싫은 사람일지라도 그의 장점은 인정하라는 말.)

- Great honours are great burden.

  큰 명예는 큰 짐이다.

- He can do, she can do, why not me?

  그도 하고, 그녀도 하는데, 나는 왜?

- Honesty is the best policy.

  정직이 최선책이다.

- He that will steal a pin will steal an ox.

  바늘 도둑이 소도둑 된다.

- He that knows nothing doubts nothing.

  아는 것이 없으면 궁금한 것도 없는 법이다. (모르는 게 약이다.)

- Habit is a second nature.

  습관은 제2의 천성이다. (제 버릇 개 못 준다.)

- If you are planning for a year, sow rice, if you are planning for a decade, plant trees, if you are planning for a lifetime, educate people.

  1년을 계획하거든 벼를 뿌리고, 10년을 계획하거든 나무를 심고, 평생을 계획하거든 사람들을 교육하라.

- It Takes Two to Tango.

  탱고를 추는 데는 두 사람이 있어야 한다. (손뼉도 마주 쳐야 소리가 난다.)

- It never rains but it pours.

  비가 오면 늘 억수같이 퍼붓는다. [설상가상(雪上加霜)]

- It is not a secret if it is known by three people.

  세 사람이 알고 있다면 그것은 비밀이 아니다.

- It is too late to shut the stable door when the horse is stolen.

  말을 도둑맞고 나서 마구간 문을 닫는 것은 너무 늦다. (소 잃고 외양간 고친다.)

- Kill two birds with one stone.

  돌 하나로 두 마리의 새를 잡다. (일석이조)

- Look before you leap.

  뛰기 전에 살펴봐라. (돌다리도 두드려 보고 건너라.)

- Life is full of ups and downs.

  인생은 오르막과 내리막으로 가득 차 있다.

- Let sleeping dogs lie.

  자는 개는 가만히 내버려 둬라. (긁어 부스럼 만들지 마라.)

- Might makes right.

  힘이 곧 정의이다.

- No man is wise at all times.

  항상 현명한 사람은 없다. (사람은 실수가 있기 마련이다.)

- No root, no fruit.

  뿌리가 없으면 열매도 없다.

- Teaching is learning.

  가르치는 것이 배우는 것이다.

- The darkest hour is just before the dawn.

  가장 어두운 때는 새벽이 임박했을 때이다.

- The First Step Is Always the Hardest.

  항상 시작이 가장 어렵다.

- The enemy of the enemy is my friend.
  적의 적은 친구다.

- The squeaky wheel gets the grease.
  삐걱거리는 바퀴가 기름을 얻는다. (우는 아이에게 젖 준다.)

- There is no such thing as a free lunch.
  세상에는 공짜가 없는 법이다.

- Unless you enter the tiger's den, you cannot take the cubs.
  호랑이 굴에 들어가야 (새끼)호랑이를 잡는다.

- United we stand, divided we fall.
  뭉치면 살고 흩어지면 죽는다.

- When there is no enemy within, the enemies outside cannot
  hurt you.
  내부의 적이 없을 땐 외부의 적이 당신을 해치지 못한다.

- When you get, give. When you learn, teach.
  갖게 되면 베풀고 배우게 되면 가르쳐라.

- Who knows most speaks least.

  가장 많이 아는 사람이 가장 말이 적다.

- You cannot tell a book by its cover.

  표지만 보고 책의 내용을 말할 수 없다.

- You can't have your cake and eat it too.

  케이크를 먹으면서 가지고 있을 수는 없다. (두 가지 모두 얻을 수는 없다.)

- You Reap What You Sow.

  뿌린 대로 거둔다. (자업자득)

Proverbs about Genius

• Practice Makes Perfect.

연습이 완벽을 이루어 낸다.

• A diamond daughter turns to glass as a wife.

다이아몬드 딸이 아내로선 유리로 변한다. (귀엽고 훌륭한 딸이 반드
시 좋은 아내일 수는 없다.)

- A fool at forty is a fool indeed.

  마흔 살에 바보는 정말 바보.

- A fool utters all his mind.

  어리석은 자는 말하면서 자기 마음을 다 드러내 보인다.

- A white wall is a fool's paper.

  흰 벽은 바보의 낙서장이다.

- A history is always written by the winning side.

  역사란 늘 승자의 편에서 쓰인다.

- A man excites the world, but a woman excites the man.

  남자는 천하를 움직이고, 여자는 그 남자를 움직인다.

- A tall man is a fool.

  키다리는 바보. (키 크고 싱겁지 않은 사람 없다.)

- A woman's whole life is a history of the affections.

  여자의 일생은 사랑의 역사이다.

- A word is enough to the wise.

  현명한 사람에게는 한 마디면 족하다. (하나를 보면 열을 안다.)

- Attack is the best defense.

  공격이 최선의 방어이다.

- Better starve free than be a fat slave.

  살찐 노예가 되느니 굶어 죽더라도 자유를 누리는 게 낫다.

- Beauty and folly are often companions.

  미인과 바보는 형제간인 경우가 많다.

- Better a live coward than a dead hero.

  죽은 영웅보다는 살아 있는 겁쟁이가 낫다.

- Clothes do not make the man.

  옷이 사람을 만드는 건 아니다.

- Even after a bad harvest there must be sowing.

  흉작 후에도 씨는 뿌려야 한다.

- Fools rush in where angels fear to tread.

  바보는 천사들이 무서워 밟지 못한 곳으로 뛰어든다. (하룻강아지 범 무서운 줄 모른다.)

• First impressions are most lasting.

첫인상이 가장 오래 간다. (첫인상이 중요하다.)

• Genius must be born, and never can be taught.

천재는 타고나는 것이지, 가르쳐서 되는 것이 아니다.

• It Is No Use Crying over Spilt Milk.

엎질러진 우유를 보고 울어 봤자 소용없다.

• No man is an island.

사람은 누구도 섬이 아니다. (사람은 누구도 혼자 살아갈 수 없다.)

• There is no smoke without fire.

불이 없으면 연기도 없다. (아니 땐 굴뚝에 연기 나랴.)

Unit 12
Proverbs about Animals

- You May Lead a Horse to Water, but You Can't Make Him Drink.

  말을 물가로 끌고 갈 수는 있어도 억지로 물을 먹일 수는 없다.

- A cat has nine lives.

  고양이는 목숨이 아홉 개나 있다. (잘 죽지 않는다.)

- A monkey never thinks her baby's ugly.

  고슴도치도 제 새끼는 예쁜 법.

• A big fish must swim in deep waters.

큰 물고기는 큰물에서 놀아야 한다.

• A fox is not taken twice in the same snare.

여우는 같은 덫에 두 번 걸리지 않는다.

• A little bait catches a large fish.

작은 미끼로 큰 고기를 잡는다.

• Barking Dogs Seldom Bite.

짖는 개는 좀처럼 물지 않는다.

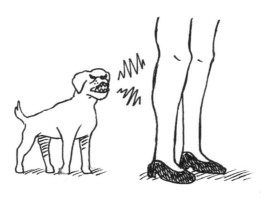

• Birds in their little nest agree.

작은 둥지의 새들은 다투지 않는다.

- Beware of a silent dog and still water.

  짖지 않는 개와 잔잔한 물결을 조심하라. (깊은 물은 잔잔함.)

- Bees that have honey in their mouths have stings in their
  tails.

  입에 꿀을 가진 벌들은 꼬리에 침이 있다.

- Care killed the cat.

  걱정은 고양이도 죽인다. (걱정은 몸에 해롭다.)

- Crocodile tears.

  악어의 눈물. (가짜로 슬퍼하는 것을 이르는 말.)

- Do not put the cart before the horse.

  말 앞에 마차를 두지 말라. (순서가 뒤바뀌다.)

- Every fish that escapes appears greater than it is.

  놓친 고기가 더 크다.

- Every dog has it's day.

  개는 자신의 날을 갖고 있다. (쥐구멍에도 볕들 날 있다.)

- Eagles Don't Catch Flies.

  독수리는 파리를 잡지 않는다.

- Every fox must pay his skin to the furrier.

  어떤 여우라도 결국 모피 장수에게 가죽을 넘겨주게 된다. (제 꾀에 제가 넘어간다.)

- Tread on a worm and it will turn.

  지렁이도 밟으면 꿈틀한다. (아무리 비천한 사람일지라도 지나치게 업신여기면 성을 낸다는 뜻.)

- Even homer sometimes nods.

  원숭이도 나무에서 떨어질 때가 있다.

- Every cock crows on his own dunghill.

  수탉은 제 똥 더미 위에서는 큰소리친다. (집안에서만 큰소리치다.)

- Fine feathers make fine birds.

  깃털이 고우면 새도 아름답다. (의복이 날개다.)

- Fox is not taken twice in the same snare.

  여우는 똑같은 덫에 두 번 잡히지 않는다.

- Give a man a fish, and he'll eat for a day. Teach him how to fish, and he'll eat forever.

  물고기를 주면 하루를 먹지만 잡는 법을 가르쳐 주면 영원히 먹는다.

- If you run after two hares, you will catch neither.

  두 마리 토끼를 잡으려는 사람은 결국 한 마리도 잡지 못한다.

- The wolf loses his teeth, but not his inclinations.

  늑대는 자신의 이빨은 잃어도 자신의 근성은 잃지는 않는다.

- The silent dog is the first to bite.

  침묵하는 개가 제일 먼저 문다. (말없는 자를 조심하라.)

- When the Cat's Away, the Mice Will Play.

  고양이가 없으면 쥐가 설친다.

제2부

영어격언

Shakespeare's Most Beloved Quate

(가장 사랑받는 섹스피어의 격언)

"To be, or not to be?

that is the question"

by William Shakespeare

"사느냐, 죽느냐,

그것이 문제로다."

인생격언 베스트 60선

1. Know thyself.

   - *Socrates*

2. Knowledge is Power.

   - *Sir Francis Bacon*

3. The pen is mightier than the sword.

   - *Edward Bulwer*

4. Actions speak louder than words.

   - *Proverb*

5. A picture is worth a thousand words.

   - *Fred R. Balmard*

6. Beggars can't be choosers.

   - *Proverb*

7. The Early bird catches the worm.

   - *Proverb*

8. Don't count your chickens before they hatch.

   - *Proverb*

9. Slow and steady wins the race.

- Proverb

10. The key to success is failure.

- Michael Jordan

11. I'm a slow walker, but I never walk BACK.

- Abraham Lincoln

12. Hate the sin, love the sinner.

- Mahatma Gandhi.

13. If you don't love yourself, you cannot love others.

- Dalai lama

14. If you cannot do great things, do small things in a great way.

- Napoleon Hill

15. Everything you can imagine is real.

- Pablo Picasso

16. Whatever you do, do it well.

- Walt Disney

17. You can learn a little from victory. You can learn everything from defeat.

- Christy Mathewson

18. Live as if you were to die tomorrow. Learn as if you were to live forever.

- Mahatma Gandhi

19. If you want to be a writer, you MUST do two things ABOVE ALL others: READ a lot & WRITE a lot.

- Stephen King

20. The beginning is the most important part of the work.

- Plato

21. Honest is the first chapter in the book of wisdom.

- Thomas Jefferson

22. Happiness depends upon ourselves.

- Aristotle

23. Early to bed and early to rise makes a man healthy, wealthy, and wise.

- Benjamin Franklin

24. To every action, there is always apposed an equal reaction.

- Isaac Newton

25. I think, therefore I am.

- Descartes

26. The most important thing in communication is to hear what is not said.

- Peter Drucker

27. If you're going through hell, keep going.

- Winston Churchill

28. The opposite of love is not hate, it's indifference.

- Elie Wiesel

29. Heaven helps those who help themselves.

- Proverb

30. The journey of thousand miles begins with one step.

- Lao Tzu

31. Practice makes Perfect.

- Proverb

32. Genius is eternal patience.

- Michelangelo

33. Knowing yourself is the beginning of all wisdom.

- Aristotle

34. Change your thoughts, and you change your world.

- Norman Vincent Peale

35. Stay hungry, Stay foolish.

- Steve Jobs

36. Arguing with fool proves there are two.

- Doris M. Smith

37. The secret of your success is found in your daily routine.

- Jonh C Maxwell

38. Do not go where the path may lead, go instead where there is no path and leave a trail.

- Ralph Waldo Emerson

39. **Yesterday** is history, **tomorrow** is mystery, and **today** is a gift. That's why we call it the **present**.

- Eleanor Roosevelt

40. Do what you can, with what you have, where you are.

- Theodore Roosevelt

41. Life is like riding a bicycle. To keep your balance, you must keep moving.

- Albert Einstein

42. Everybody is a genius. But if you judge a fish by its ability to climb a tree, it will live its whole life elieving that it is stupid.

- Albert Einstein

43. Alone we can do so little: together we can do so much.

- Helen Keler

44. The government of the people, by the people, for the people, shall not perish from the earth.

- Abraham LIncoln

45. Ask not what your country can do for you. Ask what you can do for your country.

- John F. Kennedy

46. If you can't fly, then **run**. If you can't run, then **walk**. If you can't walk, then **crawl**, but whatever you do, you have to keep **moving forward.**

- Martin Luther King

47. **Ask**, and it will be given: **seek**, and you will found it: **knock**, and the door will be opened to you.

- Jesus Christ

48. When one door of happiness closes, another opens: but often we look so long at the closed door that we do not see the one which has been opened for us.

- *Helen Keller*

49. There is only one good, Knowledge and one evil, ignorance.

- *Socrates*

50. Ignorance is the root and stem of all evil.

- *Plato*

51. Genius is one percent inspiration and ninety-nine percent perspiration.

- *Thomas Alva Edison*

52. One should eat to live, not to live to eat.

- *Moliere*

53. Anyone who stops learning is old, whether at twenty or eighty. Anyone who keeps learning stays young. The greatest thing in life is to keep your mind young.

- *Henry Ford*

54. Food for the body is not enough. There must be food for the soul.

- *Dorothy Day*

55. One cannot think well, love well, sleep well, if one has not dined well.

- *Virginia woolf*

56. Kindness is a language which the deaf can hear and the blind can see.

- Mark Twain

57. The Purpose of our lives is to be happy.

- Dalai Lama

58. Life is ten percent what happens to you and ninety percent how you respond to it.

- Lou Holtz

59. Love all, trust a few, do wrong to none.

- William Shakespeare

60. I find that the harder I work, the more luck I seem to have.

- Tomas Jefferson

제3부

고사성어

재미있는 고사성어 이야기

1. 새옹지마(塞翁之馬)

한 자 풀 이

塞 : 변방 새

翁 : 늙은이 옹

之 : 갈 지

馬 : 말 마

새옹지마의 뜻과 유래

인생의 길흉화복은 변화가 많아서 예측하기가 어렵다는 뜻으로 그 유래는 다음과 같다.

옛날 중국 국경 지역에 한 노인이 살고 있었다. 이 노인의 집에는 기르는 말이 있었는데 어느 날 이 말이 국경을 넘어 다른 나라로 도망쳤다. 그러자 이웃 사람들은 노인을 위로차 찾아왔다. 노인은 "괜찮습니다. 이 일이 좋은 일이 될지 누가 알겠습니까? 라고 하며 아무렇지 않은 듯 말했다. 그로부터 몇 달 후에 도망쳤던 말이 다른 한 마리 말과 함께 다시 돌아왔다. 이웃사람들은 또 찾아와 "복이 들어왔다."라고 기뻐하였다.

하지만 노인은 "이게 화가 될지 누가 압니까?"라고 하며 기뻐하는 마음을 드러내지 않았습니다. 며칠 후 노인의 아들이 말을 타고 놀다가 말 위에서 떨어져서 다리를 다치는 일이 일어났다. 이웃 사람들은 이번에도 또 찾아와 걱정을 하며 쾌유를 빌었다. 그러나 노인은 "이게 복이 될지 누가 알겠습니까?"라고 하며 얼굴에 아무런 감정을 드러내지 않았다.

그런 일이 있은 지 1년 후, 북쪽 지방의 오랑캐가 쳐들어 왔다. 그리하여 모든 젊은이들은 전쟁터로 끌려가 부상을 당하거나 죽었다. 하지만 노인의 아들은 전쟁터에 나갈 수 없었고, 그로 인해서 살아남을 수 있었다. 그로부터 "인생사 새옹지마"라는 말이 생겨난 것으로 전해진다.

2. 토사구팽(兔死狗烹)

한 자 풀 이

兔 : 토끼 토

死 : 죽을 사

狗 : 개 구

烹 : 삶을 팽

토사구팽의 뜻과 유래

토끼를 사냥하고 나면 그 사냥개는 잡아 삶아진다는 말이다. 즉 목적을 달성하고 나면 그 목적에 이용된 도구나 사람은 쓸모없게 되어 제거된다는 의미로 그 유래는 다음과 같다.

월(越)나라 왕 구천(勾踐)의 신하였던 범려(范蠡)와 문종은 오(吳)나라를 멸망시키고 월나라가 패권을 잡는데 큰 공을 세운다. 둘은 각각 고위직에 오르게 되는데, 범려는 왕(구천)을 믿을 수 없는 사람이라고 여겨 월나라를 탈출한다.

도피한 범려는 문종에게 "새 사냥이 끝나면 좋은 활도 감추어지고, 교활한 토끼를 다 잡고 나면 사냥개를 삶아 먹는다."라는 편지를 보내 문종을 탈출시키려 했지만 문종은 주저하다가 구천에게 반역의 의심을 받고 결국 자결하게 된다.

한(漢)나라의 명장 한신(韓信)도 한고조 유방(劉邦)이 제국을 세우는데 견마지로(犬馬之勞)를 아끼지 않았으나 막상 유방이 황제가 된 후 자신을 비롯한 개국공신들을 차례로 숙청하는 상황을 보고 토사구팽의 세

태를 한탄하면서 죽었다는 일화는 특히 유명하다.

응용: 사회와 기업에서 '필요할 때는 잘 써 놓고 이용가치가 없을 때는 매정하게 버리는 경우'가 더러 있는데, 정치판은 오죽하랴.

3. 문전성시(門前成市)

한 자 풀 이
門 : 문 문
前 : 앞 전
成 : 이룰 성
市 : 저자 시

문전성시의 뜻과 유래

문 앞이 시장이 선 것처럼 되었다는 뜻으로 그 유래는 다음과 같다.

한나라 말기, 애제(哀帝)라는 황제의 시기였는데 당시 왕의 권력은 외
척에게 넘어가 있어 대다수의 신하들 역시 왕보다는 외척들의 눈치를
살피기 바빴다. 그러나 정숭(鄭崇)이란 이름의 신하만큼은 외척들의 눈
치를 보지 않고 올바른 말만 왕에게 고하였다. "폐하, 외척을 멀리하소
서!" 그러나 오히려 황제와 다른 신하들의 미움만 샀고, 결국 조창이란
신하는 정숭이 뇌물을 받는다고 모함까지 하였다. 그러자 황제는 정숭
을 불러 "그대의 집 앞이 시장처럼 붐빈다는데, 나에게 어째서 하지 마
라, 끊어라, 하는가!"라고 하였고 이에 정숭은 "저희 집 앞이 시장처럼 사
람이 들끓는지는 모르겠습니다만, 제 마음은 물처럼 맑습니다. 다시 조
사해 보시기 바랍니다."라고 하였다. 그러자 황제는 오히려 화를 내며
정숭을 옥에 가두었고 결국 정숭은 옥에서 죽고 말았다. 그 후로 "권력이
있는 집이나 부잣집 앞에 찾아오는 사람이 매우 많다."는 의미로 문전성
시(門前成市)란 말이 쓰이게 되었다고 전해진다.

4. 방약무인(傍若無人)

한 자 풀 이

傍 : 곁 방

若 : 같을 약

無 : 없을 무

人 : 사람 인

방약무인의 뜻과 유래

주위에 있는 다른 사람을 전혀 의식하지 않고 제멋대로 행동하는 것을 이르는 말로 그 유래는 다음과 같다.

중국 위(衛)나라 사람인 형가(荊軻)는 성격이 침착하고 생각이 깊으며, 문학과 무예에 능했으나 술을 즐기는 애주가였다. 그는 정치에 관심이 많아 청운을 품고 위(魏)나라의 원군(元君)에게 국정에 대한 자신의 포부와 건의를 피력했지만 받아들여지지 않자 연(燕)나라 및 주변 여러 나라를 떠돌아다니며 현인, 호걸과 사귀기를 즐겼다. 그러다가 비파(琵琶)의 명수인 연나라의 고점리(高漸離)와 사귀게 되는데 두 사람은 호흡이 잘 맞아 금방 친한 사이가 되었다. 두 사람이 만나 술판을 벌여 취기가 돌게 되면, 고점리는 비파를 켜고, 형가는 이에 맞추어 춤을 추며 큰 소리로 노래를 불렀다. 그러다가 처량한 신세를 한탄해 감정이 복받치면 둘이 얼싸안고 울다가 웃고 웃다가 울기도 했다고 한다. 이때 이런 모습은 마치 곁에 아무도 없는 것처럼 보였다고 해서 방약무인이라는 말이 생겼다고 한다. 원래 방약무인은 아무 거리낌 없이 당당한 태도를 말했는데 이것이 변해서 천방지축으로 날뛰고, 무례하거나 교만한 태도를 보일 때 인용된다.

5. 조삼모사(朝三暮四)

한 자 풀 이
朝 : 아침 조
三 : 석 삼
暮 : 저물 모
四 : 넉 사

조삼모사의 뜻과 유래

"아침에 세 개, 저녁에는 네 개."라는 뜻이지만 잔꾀로 남을 속이는 것을 비유하는 말로 그 유래는 다음과 같다.

중국 전국시대 송나라에 저공(狙公)이라는 사람이 있었다. 그는 원숭이를 좋아해 집에서 수십 마리를 기르고 있었는데. 가족의 양식까지 퍼다 먹일 정도로 원숭이를 아꼈다. 원숭이들 역시 저공을 따랐고 사람과 원숭이 사이에는 의사소통까지 가능해졌다. 가정 형편이 넉넉지 않은 상황에서 이처럼 많은 원숭이를 기르다 보니 먹이는 게 여간 부담이 아니었다. 고민 끝에 저공은 원숭이의 먹이를 줄이기로 했다. 그러나 먹이를 줄이면 원숭이들이 자기를 싫어할 것 같아 머리를 썼다. "앞으로는 너희들에게 나눠 주는 도토리를 '아침에는 세 개, 저녁에는 네 개(朝三暮四)'씩 줄 생각인데 어떠냐?" 그러자 원숭이들은 펄쩍 뛰며 "아침에 하나 덜 먹으면 배가 고프다."며 화를 냈다. 그러자 저공이 슬쩍 말을 바꿨다. "그렇다면 아침에 네 개, 저녁에 세 개씩 주는 건 어떠냐?" 그 말에 원숭이들은 모두 좋다고 손뼉을 치며 기뻐했다.

위의 일화처럼 조삼모사는 당장의 차이에만 눈이 어두워 어리석게 행동하는 것을 비유해서 쓰이고 있는 사자성어이다.

6. 점입가경(漸入佳境)

한 자 풀 이

漸 : 점점 점

入 : 들 입

佳 : 아름다울 가

境 : 지경 경

점입가경의 뜻과 유래

직역을 하면 "가면 갈수록 경치가 더 좋아 진다."는 뜻이다. 이는 어떤 일이 더 재미있어지고 좋아진다는 비유적 표현이고 그 유래는 다음과 같다.

고개지(顧愷之, 344~406)는 동진(東晉)의 화가로 중국 미술의 기틀을 다졌으며 인물, 동물, 풍경화에 뛰어났다. 특히 그가 그린 여사잠도(女史箴圖)는 중국 역사 가운데 현존하는 가장 오래된 그림으로 대영박물관에 소장되어 있다. 고개지는 어릴 때 사탕수수를 즐겨 먹었는데 늘 사탕수수의 가느다란 줄기 부분부터 먼저 씹어 먹었다. 이를 이상하게 여긴 주변 친구들이 "왜 사탕수수를 거꾸로 먹냐?"라고 물었는데, 이에 고개지는 태연하게 "갈수록 점점 단맛이 나기 때문에 점입가경이다."라고 대답했다. 이때부터 '점입가경'이란 경치나 문장 또는 어떤 일의 상황이 갈수록 점점 재미있게 전개된다는 뜻이 되었다고 한다.

7. 양두구육(羊頭狗肉)

한 자 풀 이

羊 : 양 양

頭 : 머리 두

狗 : 개 구

肉 : 고기 육

양두구육의 의미와 유래

"양의 머리를 걸어 놓고 개고기를 판다."는 뜻이고 그 유래는 다음과 같다.

춘추시대(春秋時代) 제(齊)나라의 영공(靈公)은 여인들이 남장하는 것을 보기 좋아하였다. 그의 특이한 취미가 온 나라에 전해지자 제나라 여인들이 온통 남장하기를 시작했다. 이를 전해 들은 영공은 남장을 금지시켰지만 이 지시는 지켜지지 않았다. 그러던 중 당대 명성 있는 사상가인 안자(晏子)를 우연히 만나 금령이 지켜지지 않는 까닭을 물었다. 안자는 다음과 같이 대답했다. "군주께서는 궁궐 안에서는 여인들의 남장을 허하시면서 궁 밖에서는 못 하게 하십니다. 이는 곧 문에는 소머리를 걸어 놓고 안에서는 말고기를 파는 것과 같습니다. 어찌하여 궁 안에서는 금지하지 않으십니까? 궁중에서 못 하게 하면 밖에서도 하지 않을 것입니다." 이 말을 듣고 영공은 궁중에서도 남장을 금하게 하였고 한 달이 지나 제나라 전국에 남장하는 여인이 없게 되었다. 이후 여러 문헌과 구전에 의해 원문의 소머리는 양머리로, 말고기는 개고기로 바뀌어 쓰이게 되었다고 한다.

8. 형설지공(螢雪之功)

한 자 풀 이

螢 : 개똥벌레 형

雪 : 눈 설

之 : 갈 지

功 : 공로 공

형설지공의 뜻과 유래

옛날 중국의 동진(東晉)시대에 어렵게 공부하여 크게 된 인물로 차윤(車胤)과 손강(孫康)이라고 하는 사람이 있다. 차윤은 어려서부터 태도가 공손하고 부지런하였고 특히 학문에 대한 관심도 깊어 많은 책을 읽으려 힘썼다. 그러나 집안이 가난하여 등불을 켤 기름을 구하기가 매우 어려웠다. 그러자 차윤은 등불 없이도 책을 볼 수 있는 방법을 고안해 냈다. 깨끗한 천 주머니를 만들어 그 속에다 수십 마리의 반딧불이를 넣어 그 빛 아래서 책을 읽었다.

손강도 어려운 가정 형편에도 등불 대신 겨울에 소복이 내린 눈에 반사되는 달빛 아래서 열심히 학문에 정진했다고 한다.

이렇게 차윤과 손강이 공부할 수 있게 도와준 반딧불이의 '형(螢)'과 눈의 '설(雪)'을 합해 고생 속에서도 열심히 공부하여 좋은 결과를 얻었다는 것을 일컬어 "형설지공(螢雪之功)"이라 전해지고 있다.

9. 함흥차사(咸興差使)

한 자 풀 이

咸 : 다 함

興 : 흥할 흥

差 : 차 차

使 : 보낼 사

함흥차사의 뜻과 유래

소식이 끊어져 연락이 안 되는 상황을 함흥차사라 말하며 그 유래는 다음과 같다.

조선후기에 지어진 야담(野談)집인 『축수편(逐睡篇)』에 전하는 고사에서 유래한 말이다. 1398년 두 차례에 걸친 왕자의 난(亂)에 울분한 태조 이성계(李成桂)는 왕위를 정종(이성계의 둘째 아들)에게 물려주고 함흥으로 가 버렸다. 형제들을 죽이고 왕위를 차지한 태종 이방원(이성계의 다섯째 아들)은 아버지로부터 왕위 계승의 정당성을 인정받기 위해 도성으로 아버지를 모셔오려고 여러 번 함흥으로 사신을 보냈으나 이성계는 그 사신들을 죽이거나 잡아 가두고 돌려보내지 않았다고 한다.

그로부터 한 번 가면 깜깜무소식인 사람을 가리켜 함흥차사라고 말한다. 그러나 실제 역사 기록에는 함흥으로 보낸 차사 중에 희생된 사람은 박순(朴淳)과 송유(松琉) 둘뿐이고 이들도 이성계가 죽인 것이 아니라 조사의가 이끄는 반란군에 죽임을 당했다고 한다. 함흥차사와 비슷한 뜻으로는 일무소식(一無消息), 종무소식(終無消息) 등의 사자성어가 있다.

10. 백년하청(百年河淸)

한 자 풀 이

百 : 일백 백

年 : 해 년(연)

河 : 물 하

淸 : 맑을 청

백년하청의 뜻과 유래

어떤 일이 아무리 오랜 시간이 흘러도 이루어지기 어렵다는 뜻으로 중국의 황하강은 늘 흐려서 맑을 때가 없다는 데서 유래한 말입니다.

춘추 시대 중반 무렵 정(鄭)나라는 소국에 불과했기 때문에 진(晉)이나 초(楚) 등 강대국 사이에 끼어 독립을 유지하는 데 급급했다. 어느 해 초나라의 속국인 채(蔡)나라를 친 것이 화가 되어 초나라의 보복을 받게 될 위기에 빠졌다. 급히 중신들이 모여 대책을 협의했으나, 항복하는 편이 낫다는 화친론과 진나라의 도움을 빌려 초나라 군사를 맞아 싸우자는 주전론으로 나뉘어 양측의 주장이 팽팽히 맞섰다. 이때 대부인 자사(子駟)가 주전론자들을 설득했다.

"황하의 탁류가 맑아지기를 기다린다면 한이 없는 법이요. 이와 같이 지금 진나라의 구원군을 기다린다는 것은 '백년하청'일 뿐 일단은 초나라에 항복해 백성들을 구해 주도록 합시다."

이리하여 정나라는 초나라에 항복하였다. 원래 백년하청은 진나라의 도움 따위는 아무리 기다려도 믿을 수 없다는 뜻으로 쓰여졌다.

11. 화룡점정(畫龍點睛)

한 자 풀 이

畫 : 그림 화

龍 : 용 용

點 : 점찍을 점

睛 : 눈동자 정

화룡점정의 뜻과 유래

용을 그리고 난 후 마지막으로 눈동자를 그린다. 즉 가장 중요한 부분을 마지막으로 완성하여 일을 성공적으로 끝낸다는 의미로 그 유래는 다음과 같다.

옛날 중국 양(梁)나라에 장승요(張僧繇)라는 화가가 있었다. 이 화가는 안락사(安樂寺)라는 절에서 그림을 그려 달라는 부탁을 받고 용 네 마리를 벽에 그렸는데 그 그림에 있는 용은 모두 눈동자가 그려져 있지 않았다. 사람들은 이를 이상하게 여겨서 그 까닭을 묻자 장승요는 "눈동자를 그리면 용이 하늘로 날아가기 때문에 그리지 않았다."라고 말했다.

그러나 그의 말을 믿는 사람들은 아무도 없었다. 이에 장승요는 그중 한 마리의 용에 눈동자를 그려 넣었다. 그 순간 천둥번개가 치면서 그 용이 벽을 타고 하늘로 날아가 버렸다. 그리고 눈동자를 그려 넣지 않은 나머지 용들은 그대로 벽에 남아 있었다고 한다. 화룡점정이란 고사성어는 이 이야기에서 유래하였다고 전해진다.

12. 어부지리(漁父之利)

한 자 풀 이

漁 : 고기 어

父 : 지아비 부

之 : 갈 지

利 : 이로울 이

어부지리의 뜻과 유래

두 사람이 맞붙어 싸우는 바람에 엉뚱한 제3자가 덕을 본다는 뜻으로 그 유래는 다음과 같다.

조(趙)나라가 연(燕)나라를 치려 하였는데, 때마침 연나라에 와있던 소진(蘇秦)의 아우 소대(蘇代)는 연나라 왕의 부탁을 받고 조나라의 혜문왕(惠文王)을 찾아가 이렇게 설득하였다.

"이번에 제가 이곳으로 오는 도중에 역수(易水)를 건너오게 되었습니다. 마침 민물조개가 강변에 나와 입을 벌리고 햇볕을 쪼이고 있는데, 황새란 놈이 지나가다 조갯살을 쪼아 먹으려 하자 조개는 깜짝 놀라 입을 오므렸습니다. 그래서 황새는 주둥이를 물리고 말았습니다. 황새는 생각하기를 오늘 내일 비만 오지 않으면 바짝 말라 죽은 조개가 될 것이다 하였고, 조개는 조개대로 오늘 내일 입만 벌려 주지 않으면 죽은 황새가 될 것이라고 생각하여 서로 버티고 있었습니다. 그러던 그때 마침 어부가 이 광경을 보고 황새와 조개를 한꺼번에 망태 속에 넣고 말았습니다. 지금 조나라가 연나라를 치려 하시는데 두 나라가 오래 버티어 백성들이 지치게 되면 강한 진나라가 어부가 될 것을 저는 염려합니다. 그러므로 대왕께서는 깊이 생각하시기 바랍니다." 소대의 이 비유를 들은 혜문왕은 과연 옳은 말이라고 생각하여 연나라 공격을 중지하였다고 한다.

부록 1

사자성어

생활 속 사자성어 베스트 10
- 동상이몽(同床異夢)
- 견물생심(見物生心)
- 유비무한(劉備무한)
- 역지사지(易地思之)
- 자업자득(自業自得)
- 초지일관(初志一貫)
- 우왕좌왕(右往左往)
- 고진감래(苦盡甘來)
- 대기만성(大器晩成)
- 온고지신(溫故知新)

생활 속 유용한 사자성어

가 ~ 다

- 가렴주구(苛斂誅求) - 세금을 가혹하게 거두어 백성을 핍박하는 것.
- 가담항설(街談巷說) - 거리나 항간에 나도는 소문.
- 가인박명(佳人薄命) - 용모가 너무 수려하면 운명이 기막히다.
- 각주구검(刻舟求劍) - 세상 형편에 밝지 못하고 융통성이 없음.
- 각골통한(刻骨痛恨) - 뼈에 사무치게 마음깊이 맺힌 원한.
- 감언이설(甘言利說) - 남의 비위에 맞도록 꾸민 달콤한 말과 이로 운 조건을 내세워 꾀는 말.
- 감탄고토(甘呑苦吐) - 옳고 그름에 관계없이 비위에 맞으면 좋고 안 맞으면 싫어한다는 말.
- 갑론을박(甲論乙駁) - 서로 자기의 주장만 내세우고 남의 주장을 반박함.
- 개과천선(改過遷善) - 지난날의 잘못을 고치고 착한 사람이 됨.
- 견마지로(犬馬之勞) - 자기의 노력을 낮춘 말.
- 견물생심(見物生心) - 물건을 보고 욕심이 생김.
- 결초보은(結草報恩) - 죽어서라도 은혜를 갚음.

- 경거망동(輕擧妄動) - 생각이 없는 가벼운 행동.
- 경국지색(傾國之色) - 나라를 망하게 할 정도로 뛰어나게 아름다운 미인.
- 경천동지(驚天動地) - 하늘과 땅이 흔들릴 만큼 몹시 큰일.
- 고장난면(孤掌難鳴) - 외손이 울리기는 어렵다. (어떤 일이 혼자서는 잘 안된다.)
- 고진감래(苦盡甘來) - 괴로움이 다하면 즐거움이 옴.
- 과대망상(誇大妄想) - 과장하여 그것을 믿는 엉뚱하게 생각함.
- 과유불급(過猶不及) - 지나친 것은 모자란 것보다 못함.
- 구사일생(九死一生) - 몇 차례 죽을 고비를 넘기고 살아남.
- 구우일모(九牛一毛) - 사소하고 하찮은 일.
- 권모술수(權謀術數) - 그때그때의 형편에 따라 바뀌는 수단이나 방법.
- 권선징악(勸善懲惡) - 좋은 일을 하면 상을 주고 나쁜 일을 하면 벌을 줌.
- 금의환향(錦衣還鄉) - 성공을 하여 고향에 돌아옴.
- 금지옥엽(金枝玉葉) - 귀한 자손.
- 낙락장송(落落長松) - 가지가 길게 늘어지고 키가 큰 소나무.
- 낙화유수(落花流水) - 떨어지는 꽃과 흐르는 물. (남녀 간의 그리운 심정을 비유하는 말.)
- 난형난제(難兄難弟) - 누가 형이고, 누가 동생인지 분간하기 어렵다는 말로 둘이 비슷함을 비유할 때 씀.
- 남가일몽(南柯一夢) - 덧없는 부귀영화와 허무한 인생을 비유함.

- 남존여비(男尊女卑) - 태어날 때부터 남자의 지위가 높고 여자가 낮다.
- 내우외환(內憂外患) - 안에는 근심, 밖에는 재난.
- 노심초사(勞心焦思) - 걱정을 하여 속을 태움.
- 뇌성대명(雷聲大名) - 세상에 널리 알려진 이름.
- 논공행상(論功行賞) - 공로의 대소를 비교 검토하여 그것에 맞게 주는 상.
- 능지처참(陵遲處斬) - 옛날 사형법으로 사지를 잘라서 죽이는 것.
- 다다익선(多多益善) - 많으면 많을수록 좋음.
- 단도직입(單刀直入) - 군말은 빼고 본론을 말한다.
- 독불장군(獨不將軍) - 혼자 잘난 척 뽐내다가 고립된 처지에 있는 사람.

다 ~ 마

- 등하불명(燈下不明) - 등잔 밑이 어둡다.
- 동가홍상(同價紅裳) - 같은 값이면 다홍치마.
- 등고자비(登高自卑) - 높은 곳에 오르려면 낮은 곳에서부터 올라가야 한다.
- 대기만성(大器晩成) - 나이가 많이 들어 성공함.
- 동문서답(東問西答) - 묻는 말에 당치도 않는 엉뚱한 대답을 함.
- 동고동락(同苦同樂) - 괴로움과 즐거움을 함께함.
- 동문서답(東問西答) - 묻는 말에 아주 다르게 대답함.
- 동병상련(同病相憐) - 처지가 서로 비슷한 사람끼리 동정함.

- 동분서주(東奔西走) - 바쁘게 이리저리 돌아다님.
- 두문불출(杜門不出) - 세상과 인연을 끊고 집 밖에 나가지 않음.
- 마이동풍(馬耳東風) - 남의 말을 귀담아 듣지 않음.
- 막무가내(莫無可奈) - 고집이 강하여 도무지 융통성이 없음.
- 막역지우(莫逆之友) - 막역하게 지내는 벗.
- 만고풍상(萬古風霜) - 오랫동안의 수많은 고통.
- 만시지탄(晚時之歎) - 시기가 늦었음을 안타까워함.
- 목불인견(目不忍見) - 딱하고 가엾어 차마 눈뜨고 볼 수 없음.
- 무소불위(無所不爲) - 못할 짓이 없다는 말.
- 무릉도원(武陵桃源) - 보통 세상과는 아주 다른 세상.
- 명경지수(明鏡止水) - 잡념 없이 깨끗한 마음.
- 명산대천(名山大川) - 이름난 산과 큰 내.
- 문전성시(門前成市) - 유명해서 사람이 매우 많음.
- 미풍양속(美風良俗) - 아름답고 좋은 풍속.
- 미인박명(美人薄命) - 아름다운 여자는 수명이 짧음.

바 ~ 사

- 박장대소(拍掌大笑) - 손뼉을 치며 크게 웃는 것.
- 발본색원(拔本塞源) - 폐단의 뿌리를 뽑아 근원을 막는다.
- 백년하청(百年河淸) - 아무리 시간이 가도 일이 해결될 가망이 없음.
- 배은망덕(背恩忘德) - 은혜를 잊고 도리어 배반함.
- 백년대계(百年大計) - 먼 훗날까지 걸친 큰 계획.

- 백전백승(百戰百勝) - 싸울 때마다 반드시 이김.
- 부창부수(夫唱婦隨) - 지아비가 주장하면 아내는 따라간다.
- 불요불급(不要不急) - 어떤 고난에도 굽히지 않다.
- 불철주야(不撤晝夜) - 밤낮을 가리지 않음.
- 불초지부(不肖之父) - 어리석은 아버지.
- 비일비재(非一非再) - 한두 번이 아님을 이르는 말.
- 사상누각(砂上樓閣) - 사물의 기초가 튼튼하지 못하여 오래가지 않음.
- 사면초가(四面楚歌) - 사방이 다 적에게 싸여 도움이 없이 고립됨.
- 산전수전(山戰水戰) - 산에서의 전투와 물에서의 전투를 다 겪음. 세상일에 경험이 많음.
- 살신성인(殺身成仁) - 목숨을 버려 좋은 일을 함.
- 새옹지마(塞翁之馬) - 세상일은 어떻게 될지 알 수 없음.
- 선견지명(先見之明) - 앞일을 미리 내다보는 밝은 슬기(지혜).
- 선남선녀(善男善女) - 멋있는 사람.
- 송구영신(送舊迎新) - 묵은해를 보내고 새해를 맞는 것.
- 수수방관(袖手傍觀) - 팔짱 끼고 보고만 있다.
- 설상가상(雪上加霜) - 불행한 일이 거듭하여 겹침.

아

- 아전인수(我田引水) - 자기에게 이로운 데로만 함.
- 어부지리(漁父之利) - 둘이 다투는 통에 제삼자가 이익을 봄.
- 어불성설(語不成說) - 말이 조금도 사리에 맞지 않음.

- 언어도단(言語道斷) - 어처구니없어 할 말이 없다.

- 언중유골(言中有骨) - 말속에 뼈가 있다.

- 역지사지(易地思之) - 상대방의 경우를 바꾸어 생각하다.

- 안하무인(眼下無人) - 눈 아래 사람이 없음. 곧 교만하여 사람을 업신여김.

- 약육강식(弱肉强食) - 약한 놈이 강한 놈에게 먹힘.

- 양두구육(羊頭狗肉) - 밖에는 양의 머리를 걸어 놓고 안에서는 개 고기를 판다.

- 오두발광(五斗發光) - 매우 방정맞게 날뛰는 것.

- 오리무중(五里霧中) - 도무지 종적을 알 수 없음.

- 오색영롱(五色玲瓏) - 여러 가지 색이 섞여 찬란한 빛을 냄.

- 오비이락(烏飛梨落) - 까마귀 날자 배 떨어진다는 뜻. (어떤 일을 함에 있어 시비를 일으키는 것.)

- 오자낙서(誤字落書) - 글씨를 잘 못쓰거나 빠뜨리고 쓰는 일.

- 오합지중(烏合之衆) - 어중이 떠중이의 모임.

- 요지부동(搖之不動) - 흔들어도 꼼짝 않음.

- 우왕좌왕(右往左往) - 사방으로 왔다 갔다 함.

- 위기일발(危機一髮) - 절박한 순간.

- 유명무실(有名無實) - 이름뿐이고 실상은 없음.

- 유언비어(流言蜚語) - 근거 없는 소문.

- 유비무한(有備無患) - 미리 준비를 잘하여 뒷걱정이 없음.

- 유유상종(類類相從) - 같은 무리끼리 어울려 다님.

- 이실직고(以實直告) - 진실을 말함.

- 이심전심(以心傳心) - 말을 하지 않더라도 서로 마음이 통하여 앎.
- 이열치열(以熱治熱) - 열이 날 때 뜨거운 물을 마심. 어떤 문제를 대할 때 문제와 똑같은 방법으로 해결함.
- 인지상정(人之常情) - 사람이 누구나 가지는 보통의 인정.
- 일거양득(一擧兩得) - 한 가지 일을 하여 두 가지의 이득을 봄.
- 일사천리(一瀉千里) - 조금도 거침없이 빨리 진행함.
- 일편단심(一片丹心) - 오로지 한 사람만 사랑하는 마음.
- 일확천금(一攫千金) - 힘 안 들이고 한꺼번에 많은 재물을 얻음.
- 왕래부절(往來不絶) - 오고 감이 끊이지 않음.
- 와신상담(臥薪嘗膽) - 섶에 누워서 쓸개를 맛본다.
- 왈가왈부(曰可曰否) - 어떤 일을 놓고 옳다 그르다 서로 주장을 함.
- 요지부동(搖之不動) - 흔들어도 움직이지 않음.
- 용두사미(龍頭蛇尾) - 용의 머리에 뱀의 꼬리란 말로, 처음 시작을 그럴듯하나 끝은 흐지부지하는 경우.

자 ~ 차

- 자가당착(自家撞着) - 말과 행동이 맞지 않음.
- 자괴지심(自愧之心) - 스스로 부끄러움을 느끼는 마음.
- 자업자득(自業自得) - 자기가 저지른 일의 업을 자기가 받다.
- 자수성가(自手成家) - 물려받은 재산 없이 스스로 재산을 모아 살림을 이루다.
- 자초지종(自初至終) - 처음부터 끝까지의 과정.

- 자포자기(自暴自棄) - 스스로 자신을 학대하고 돌보지 아니함.
- 자화자찬(自畵自讚) - 자기가 그린그림을 칭찬한다는 말로 자기의
  행위를 칭찬함.
- 작심삼일(作心三日) - 결심이 삼 일을 못 가다.
- 적반하장(賊反荷杖) - 잘못한 자가 도리어 화를 냄.
- 전무후무(前無後無) - 전에도 앞으로도 없음. 오직 한 번밖에 없음.
- 천고마비(天高馬肥) - 하늘은 높고 말은 살찐다. 즉 가을의 좋은 계
  절을 일컬음.
- 천신만고(千辛萬苦) - 한없이 수고하고 애를 씀.
- 천진난만(天眞爛漫) - 가식이 없는 말과 행동.
- 천인공노(天人共怒) - 하늘과 사람이 같이 분노함.
- 전화위복(轉禍爲福) - 화가 바뀌어 복이 됨.
- 전무후무(前無後無) - 전에도 없고 앞으로도 없다. 즉, 유일한 것.
- 점입가경(漸入佳境) - 점점 썩 좋은 또는 재미있는 경지로 들어감.
- 조삼모사(朝三暮四) - 아침에는 세 개, 저녁에는 네 개. (어리석은
  자를 우롱하는 말로 남을 속이는 것.)
- 주객전도(主客顚倒) - 주인과 손님의 위치가 바뀌다.
- 조강지처(糟糠之妻) - 가난할 때부터 어려움을 같이한 아내.
- 적반하장(賊反荷杖) - 잘못한 자가 도리어 화를 냄.
- 죽마고우(竹馬故友) - 어렸을 때부터 친하게 사귄 벗.
- 중구난방(衆口難防) - 여러 사람이 서로 다른 말을 함.
- 좌고우면(左顧右眄) - 이런 저런 생각을 하며 결정을 내리지 못함
- 좌지우지(左之右之) - 마음대로 한다는 말.

- 지피지기(知彼知己) - 상대를 알고 나를 알다.

- 진퇴양난(進退兩難) - 나아갈 수도 물러설 수도 없는 궁지에 빠짐.

- 차일피일(此日彼日) - 이일 저일 핑계를 대면서 기한을 자꾸 늦추다.

- 창해일속(滄海一粟) - 매우 크거나 넓은 바다 가운데 있는 보잘것 없는 작은 존재.

- 천군만마(千軍萬馬) - 많은 군사와 많은 말.

- 천재일우(千載一遇) - 다시 얻기 힘든 좋은 기회.

- 천방지축(天方地軸) - 너무 바빠서 두서없이 허둥댐.

- 천석고황(泉石膏황) - 산수 자연을 몹시 사랑함.

- 천의무봉(天衣無縫) - 시문 등이 자연스럽고 흠이 없음.

- 천인공노(天人共怒) - 하늘과 사람이 모두 분노함.

- 천고마비(天高馬肥) - 하늘은 높고 말은 살찐다. 가을을 말함.

- 천방지축(天方地軸) - 함부로 덤벙거림.

- 청출어람(靑出於藍) - 제자가 스승보다 나음.

- 청천벽력(靑天霹靂) - 생각지 않은 일.

- 초지일관(初志一貫) - 처음 품은 뜻을 한결같이 지킴.

- 초로인생(初露인생) - 풀잎에 맺힌 이슬 같은 허무한 인생.

- 촌철살인(寸鐵殺人) - 간단한 경구(警句)나 단어로 사물의 급소를 찌름을 비유.

- 침소봉대(針小棒大) - 사물을 과장해서 말하는 것.

- 칠전팔기(七顚八起) - 여러 번의 실패에도 굽히지 아니하고 다시 일어남.

- 타산지석(他山之石) - 남의 잘못에서도 배울 것이 있다.
- 탁상공론(卓上空論) - 실현성이 희박한 토론.
- 탐관오리(貪官汚吏) - 탐욕이 많고 마음이 깨끗하지 못한 관리.
- 태연자약(泰然自若) - 마음에 충동을 받고도 동요하지 않고 천연스러움.
- 태평연월(太平烟月) - 세상이 평화롭고 안락한 때.
- 토사구팽(兔死狗烹) - 쓸모 있을 때는 긴요하게 쓰다가 쓸모가 없어지면 버려짐.
- 토적성산(土積成山) - 작은 것이 쌓여 큰 것이 되다.
- 파죽지세(破竹之勢) - 대나무를 쪼개는 것 같은 기세.
- 풍전등화(風前燈火) - 바람 앞의 등불처럼 운명이 위태로움.
- 풍비박산(風飛雹散) - 사방으로 날려 흩어짐.
- 풍화설월(風花雪月) - 사계절의 좋은 경치.
- 표리부동(表裏不同) - 겉과 속이 다름.
- 필부필부(匹夫匹婦) - 평범한 남자와 여자.
- 학수고대(鶴首苦待) - 몹시 기다림.
- 한식상묘(寒食上墓) - 한식날의 성묘.
- 함흥차사(咸興差使) - 심부름을 간 뒤 아무 소식이 없을 때 쓰는 말.
- 허심탄회(虛心坦懷) - 거리끼지 않고 숨김이 없는 마음.
- 혈혈단신(孑孑單身) - 의지할 곳 없는 홀몸.
- 호구지책(糊口之策) - 먹고살아 나갈 대책.

- 호사다마(好事多魔) - 좋은 일에는 방해가 되는 일이 많다.
- 호시탐탐(虎視眈眈) - 범이 먹이를 노려봄. 남의 것을 빼앗기 위해 눈치를 보는 상황.
- 혼비백산(魂飛魄散) - 사방으로 날려서 흩어짐.
- 화중지병(畫中之餅) - 그림의 떡.
- 화룡점정(畫龍點睛) - 용을 그리고 마지막으로 눈동자를 그려 넣음. 즉 최후의 손지로 일을 와성시킴.
- 환골탈태(換骨奪胎) - 어떤 사람이 모습이 예전과는 전혀 다르게 변함.
- 함흥차사(咸興差使) - 심부름을 가서 돌아오지 않거나 아무 소식이 없음을 비유.
- 황당무계(荒唐無稽) - 터무니없고 근거가 없다.
- 형설지공(螢雪之功) - 눈과 반딧불이의 힘을 빌려서 공부하여 공을 이룬다. (가난과 어려움을 이기고 공부하여 공을 세움.)
- 횡설수설(橫說竪說) - 조리가 없는 말로 함부로 지껄이다.
- 후안무치 (厚顏無恥) - 뻔뻔스러워 부끄럼이 없음.

삶의 지혜, 속담 맛보기

가

- 가까운 남이 먼 일가보다 낫다.

  이웃과 서로 돕고 가까이 지내면 그것이 먼 곳에 있는 친척보다 더 친하고 다정하다는 말.

- 가난한 집에 자식 많다.

  가난한 집에는 먹을 것, 입을 것이 늘 걱정인데 거기다가 자식까지 많다고 하여 이르는 말.

- 가는 손님 뒤 꼭지가 예쁘다.

  가난하여 손님 대접하기가 어려울 때는 일찍 돌아가는 손님이 고맙게 여겨진다는 말.

- 가는 말이 고와야 오는 말이 곱다.

  상대방이 잘해 주기를 바란다면 먼저 상대방에게 잘해 주어야 한다는 말.

- 가다 말면 안 가느니만 못하다.

  어떤 일을 하다가 도중에 그만두려면, 처음부터 하지 않는 편이 낫다는 뜻.

- 가랑비에 옷 젖는 줄 모른다.

  작은 일도 자주 당하게 되면 큰 결과를 가져오게 되므로, 작은 일도 허술하게 생각해서는 안 된다는 뜻.

- 가지 많은 나무에 바람 잘 날 없다.

  자식을 많이 둔 어버이에게는 근심 걱정이 많다는 것을 비유한 말.

- 가을 부채는 시세가 없다.

  쓰는 시기가 지난 것은 값어치가 없다는 뜻.

- 개가 다 웃겠다.

  너무 어처구니없는 일이라는 뜻.

- 개 팔자가 상팔자다.

  주는 대로 먹고 자는 개가 부럽다는 뜻. 즉 일이 고생스러운 때 쓰는 말.

- 객지 생활 삼 년에 골이 빈다.

  집을 나와 객지로 돌아다니게 되면 아무리 잘해 준다 해도 고생이 된다는 말.

- 거지끼리 동냥 바가지 깬다.

  서로 도와주고 동정해야 할 사람들이 서로 다투고 해친다는 말.

- 걱정도 팔자.

  아무 관계도 없으면서도 남의 일에 참견하는 사람을 비웃는 말.

- 걸음아 나 살려라.

  위험이 닥쳐 급하게 뛰어갈 때 쓰는 말.

- 검은 머리 파뿌리 되도록.

  검은 머리가 파뿌리처럼 하얗게 된다 함이니 아주 늙을 때 까지라는 뜻.

- 게 눈 감추듯 한다.

  음식을 먹을 때 매우 빨리 먹어 치운다는 말.

- 겨울이 지나지 않고 봄이 오랴.

  일에는 순서가 있는 법이니 급하다고 하여 억지로 할 수는 없다는 말.

- 경주돌이면 다 옥돌인가?

  경주에서 옥돌이 많이 난다고 해서 경주의 돌을 다 옥돌이라고 할 수는 없다는 뜻이니, 좋은 것이 많은 가운데 나쁜 것도 섞여 있다는 말.

- 계란이나 달걀이나.

  이름만 다를 뿐 마찬가지라는 뜻.

- 고기는 씹어야 맛이고 말은 해야 맛이다.

  속으로 끙끙거리지 말고 할 말은 시원하게 해야 일이 잘 처리된다는 말.

- 고래 싸움에 새우 등 터진다.

  남의 싸움에 아무 관계없는 사람이 해를 입거나 윗사람들 싸움으로 다른 사람이 해를 입을 때 쓰는 말.

- 고생 끝에 낙이 온다.

  어렵고 괴로운 일을 겪고 나면 즐겁고 좋은 일이 찾아온다는 말.

- 고양이 보고 반찬가게 지켜 달란다.

  귀중한 것을 믿을 수 없는 사람에게 맡겨 오히려 잃게 된다는 말.

- 곧은 나무는 재목으로 쓰이고, 굽은 나무는 화목으로 쓰인다.

  모든 것은 그 재능에 따라 모두 쓰일 데가 있다는 뜻.

- 곧은 나무가 먼저 꺾인다.

  곧은 나무는 재목으로 쓸데가 많기 때문에 먼저 베이고, 사람도 잘난 사람이 일찍 죽는다는 말.

- 과부 사정은 과부가 안다.

  남의 사정은 같은 처지에 있는 사람이라야 알 수 있다는 말.

- 꼭두새벽.

  무척 이른 아침을 뜻하는 말.

- 구렁이 담 넘어가듯 한다.

  구렁이가 담을 넘어가듯 슬그머니 얼버무리고 지나가는 것을 말함.

- 굼벵이도 구르는 재주가 있다.

  아무리 미련하고 보잘것없는 것일지라도 한 가지 재주는 있다는 말.

- 꿈이야, 생시야.

  믿기 어려운 일이 일어났을 때 쓰는 말.

- 그 아비에 그 자식이다.

  아비가 못된 사람이면 자식도 못된 사람이 된다는 말.

- 금강산도 식후경이다.

  아무리 좋고 즐거운 일이라도 배가 부르고 난 뒤에야 제대로 느낄 수 있다는 말.

- 기생오라비 같다.

  반들반들하게 모양을 내고 다니는 남자를 놀리는 말.

- 기와 한 장 아끼려다 대들보 썩힌다.

  조그마한 것을 아끼다가 오히려 큰 손해를 본다는 뜻.

- 김칫국부터 마신다.

  남의 속도 모르고 제 짐작으로 지레 그렇게 될 것으로 믿고 행동한다
  는 뜻.

- 까불기는 촉새 같다.

  경망하게 촐랑거리는 사람을 가리켜 하는 말.

나

- 나는 새도 떨어뜨린다.

  권세가 대단하여 모든 일을 자기 뜻대로 한다는 말.

- 나무는 큰 덕을 못 봐도 사람은 큰 사람의 덕을 본다.

  남의 도움을 받아 일에 성공했을 때 쓰는 말.

- 나무도 쓸 만한 건 먼저 베인다.

  유능한 사람이 일찍 죽는 것을 비유한 말.

- 나무에 오르라 하고 흔든다.

  나무에 올라가라고 부추겨 놓고 떨어지라고 흔든다는 말로 좋은 말로
  사람을 꾀어 불행한 처지로 몰아넣을 때 쓰는 말.

- 낙숫물이 댓돌 뚫는다.

  작은 힘이라도 끈기 있게 계속하면 큰일을 할 수 있다는 말.

- 남산 골 샌님.

  가난하지만 자존심이 강한 선비를 말한다.

- 남의 눈에 눈물 내면 제 누에는 피눈물 난다.

  남에게 모질고 악하게 굴면 그보다 더 큰 재앙을 받는다는 뜻.

- 남의 일이라면 발 벗고 나선다.

  남의 일에도 자기 일처럼 적극적으로 덤벼들어 잘 도와준다는 말.

- 남이 장에 가면 거름 지고 따라간다.

  줏대 없이 남이 하는 대로 그저 따라하는 사람을 비웃는 말.

- 남의 흉 한 가지면 제 흉은 열 가지.

  제 잘못은 생각지 않고 남의 흉만 본다는 뜻.

- 낫 놓고 기역 자도 모른다.

  아주 무식하다는 말.

- 낮도깨비 같다.

  체면도 없이 구는 사람을 비유해서 하는 말.

- 낮에 나서 밤에 컸나?

  밝은 낮에 태어나서 깜깜한 밤에만 자랐는지, 멍청이처럼 답답하고 모자란 짓만 한다는 뜻.

- 낯가죽도 두껍다.

  도무지 염치가 없고 뻔뻔스러워 부끄러워할 줄 모르는 사람을 일컫는 말.

- 내 코가 석 자다.

  내 사정이 급해서 남을 돌볼 여유가 없다는 말.

- 노는 손에 이 잡는다.

  손을 아무 하는 일 없이 놀리는 것보다 무엇이든 하는 것이 낫다는 말.

- 노루 제 방귀에 놀라듯.

  사람됨이 경솔하고 침착치 못함을 이르는 말.

- **농사꾼은 죽어도 종자는 베고 죽는다.**

  자기가 죽으면 종자도 농사도 아무 소용이 없는 줄 모르고 굶어 죽으면서도 씨는 먹지 않고 남겼다 함이니 어리석고 인색하기만 한 사람을 아르는 말.

- **농담 끝에 살인난다.**

  농담이 지나치면 큰 싸움이 나서 살인까지 하는 경우도 있으므로 농담을 조심하라는 말.

- **놓아먹인 망아지 같다.**

  가정교육을 받지 못해서 버릇없이 제멋대로 행동한다는 뜻.

- **놀부 심사다.**

  심술궂고 마음이 사나워 남이 잘못되길 바라는 사람을 이르는 말.

- **누워서 떡먹기.**

  어떤 일을 힘이 전혀 들지 않고 쉽게 할 수 있다는 말.

- **누워서 떡 먹으면 눈에 고물 들어간다.**

  무엇이든 편하게 하다가는 해를 입는다는 말.

- **눈 감으면 코 베어 갈 세상이다.**

  세상인심이 험악하고 무서운 것을 이르는 말.

- **눈에 가시다.**

  몹시 미워하여 보기 싫은 사람을 이르는 말.

- **눈에 넣어도 아프지 않다.**

  눈에 넣어도 아프지 않을 만큼 예쁘고 사랑스럽다는 말.

- **눈이 눈썹을 못 본다.**

  아주 가까운 데 있는 것은 흔히 잘 알지 못한다는 뜻.

- **눈치가 빠르면 절에 가서도 새우젓도 얻어먹는다.**

  사람은 어떤 경우일지라도 눈치만 빠르면 궁색한 일이 없이 지낸다는 말.

- **누울 자리보고 발을 뻗는다.**

  모든 것을 미리 살펴 다가올 결과를 생각해 가면서 일을 시작한다는 말.

- **눈 밖에 났다.**

  신임을 잃었다는 말.

- **눈 가리고 아웅한다.**

  결코 넘어가지 않을 얕을 수로 남을 속이려 한다는 말.

- **눈이 빠지도록 기다리다.**

  무척 간절히 기다렸다는 뜻.

- 늙은이 말 들어 손해 가는 일 없다.

  경험이 많은 노인의 말을 들으면 손해 보지 않는다는 뜻.

- 늦게 배운 도둑이 날 새는 줄 모른다.

  어떤 일에 재미를 모르다가 늦게서야 재미를 붙이면 몹시 열중한다는 뜻.

- 늦잠은 가난 잠이다.

  아침에 일찍 일어나지 않고 늦게까지 자는 버릇이 있으면, 게을러서 가난하게 된다는 뜻.

다

- 달걀로 바위치기.

  약한 힘으로 강한 것을 당해 내려는 어리석음을 비웃는 말.

- 달도 차면 기운다.

  행운과 번영은 오랫동안 계속되지 않는다는 뜻.

- 달밤에 체조한다.

  밤에는 체조하는 사람이 없는 것처럼 적당한 시기를 모르고 엉뚱한 때 어떤 일을 한다는 말.

- 달 보고 짖는 개.

  남의 일에 대하여 잘 알지도 못하면서 떠들어 대는 사람을 일컫는 말.

- 닭 소 보듯, 소 닭 보듯.

  서로 마주 보면서도 모르는 척한다는 말.

- 닭 잡아먹고 오리발 내민다.

  자기가 저지른 나쁜 일이 드러나게 되자 서투른 수단으로 남을 속이려 할 때 하는 말.

- 대천 바다도 건너보아야 안다.

  무엇이나 바로 알려면 실제로 겪어 봐야 한다는 뜻.

- 도둑이 "도둑이야!!" 한다.

  잘못을 저지른 사람이 자기가 안 한 듯이 시치미를 떼고 남이 할 말을 한다는 뜻.

- 도토리 키 재기.

  정도가 고만고만하거나 비슷한 사람끼리 서로 비교함을 이르는 말.

- 독 안에 든 쥐.

  아무리 애를 쓰고 노력하여도 벗어나지 못하고 꼼짝할 수 없는 처지에 놓여 있다는 말.

- 돈은 앉아서 주고 서서 받는다.

  돈은, 남에게 빌려주기는 쉬워도 받기는 어렵다는 말.

- 돈이 제갈량이다.

  돈만 있으면 못난 사람도 제갈량과 같이 될 수 있다는 말. 즉 돈만 있으면 무엇이든 다 할 수 있다는 뜻.

- 돌다리도 두들겨 보고 건너라.

  모든 일에 세심한 주의를 기울이라는 말.

- 돌팔이 의사가 사람 잡는다.

  변변치 못한 지식이나 엉터리 솜씨를 가진 사람이 일을 망친다는 뜻.

- 동무 따라 강남 간다.

  자기는 하고 싶지 않으나 남에게 끌려서 좇아 하게 되는 경우를 이르는 말.

- 동에 번쩍 서에 번쩍 한다.

  종적을 알 수 없이 왔다 갔다 한다는 뜻.

- 되로 주고 말로 받는다.

  조금 주고 그 대가로 몇 갑절이나 더 받는다는 말.

- **되면 더 되고 싶다.**

  되면 될수록 부족하게 여겨지고 더 잘되고 싶어지는 것이 사람의 마음
  이란 말.

- **두꺼비 파리 잡아먹듯 한다.**

  보기에 둔해 보여도 행동이 민첩하거나 무엇이든 날름날름 잘 받아먹
  을 때 쓰는 말.

- **뒤로 자빠져도 코가 깨진다.**

  운이 나쁜 사람은 전혀 상관없는 일에서도 해를 입는다는 뜻.

- **뒤로 호박씨 깐다.**

  겉으로는 어리석은 체하면서 속마음이 엉큼하여 딴짓을 하는 사람을
  이르는 말.

- **등잔 밑이 어둡다.**

  등잔 밑이 어두운 것처럼 오히려 너무 가까이 있는 일은 잘 알지 못한
  다는 말.

- **딸은 두 번 서운하다.**

  딸은 날 때 서운하고 시집보낼 때 서운하다는 뜻.

- **딸자식은 도둑이다.**

  딸은 출가할 때도 많은 것을 해 가지고 가며 출가 후에도 친정에만 오면 무엇이나 가지고 가려고 하기 때문에 이르는 말.

- **땀이 비 오듯 한다.**

  땀이 무척 많이 날 때 쓰는 말.

- **땅 짚고 헤엄치기.**

  매우 쉽다는 뜻.

- **때리는 시어머니보다 말리는 시누이가 더 밉다.**

  겉으로는 위해 주는 체하면서도 속으로는 해하는 사람이 가장 밉다는 말.

- **떡줄 놈은 생각지도 않는데 김칫국부터 마신다.**

  해 줄 사람은 생각지도 않는데 일에 대한 기대가 너무 앞서거나 되지 않는 일을 바랄 때 하는 말.

- **떠오르는 달이라.**

  인물이 훤하고 아름답다는 말.

- **떡 주무르듯 한다.**

  이랬다저랬다 하고 싶은 대로 다룬다는 뜻.

- 뚝배기보다 장맛.

  보기에는 보잘것없으나 내용은 겉에 비하여 훨씬 실속 있다는 뜻.

- 똥이 무서워서 피하나 더러워 피하지.

  한 사람을 피하는 것은 무서워서가 아니라 자기마저 악하게 될까 봐
  피한다는 뜻.

- 뛰어 봐야 벼룩이지.

  벼룩이 제아무리 뛰어 봐도 보잘것없는 것같이 제 딴엔 아무리 훌륭하
  다고 해도 별 볼일이 없다는 뜻.

마

- 마른하늘에 날벼락.

  뜻하지 않게 큰 재앙을 당했을 때 사용하는 말.

- 마음이 굴뚝같다.

  마음속으로는 하고 싶은 생각이 간절하다는 말.

- 막상막하.

  누가 더 낫고 못함을 가누기가 어려울 정도로 엇비슷함을 나타내는
  말.

- 말속에 **뼈**가 있다.

  예사롭게 하는 말속에 단단한 속뜻이 들어 있음을 나타낸다.

- 말은 청산유수와 같다.

  말을 막힘없이 아주 잘한다는 뜻.

- 말은 할수록 늘고 되질은 할수록 준다.

  같은 내용의 말이라도 사람들의 입을 통해 전해지면 전해질수록 과장되고, 물건은 옮길수록 줄어든다는 뜻.

- 말이 많으면 실언이 많다.

  말을 많이 하게 되면 잘못된 말을 하는 경우도 생길 것이니 말을 많이 하는 것을 삼가라는 뜻.

- 망둥이가 뛰니까 꼴뚜기도 뛴다.

  아무것도 모르고 남이 하니까 따라 한다는 말.

- 매가 꿩을 잡아 주고 싶어 잡아 주나?

  남의 부림을 받아 마지못해 일하는 경우를 말함.

- 만사 불여튼튼.

  무슨 일이든지 든든하게 해 놓은 것이 좋다는 말.

- 맹수는 함부로 발톱을 보이지 않는다.

  사나운 짐승은 사냥을 할 때만 발톱을 보여 주듯, 사람도 꼭 필요한 때가 아니면 자기의 실력을 보여서는 안 된다는 뜻.

- 먹다 죽은 귀신은 혈색도 좋다.

  무엇보다 사람에게 있어서는 먹는 것이 가장 중요하다는 말.

- 모기 보고 칼 빼기.

  보잘것없는 작은 일에 어울리지 않게 엄청나게 큰 시비를 한다.

- 모난 돌이 정 맞는다.

  성질이 원만하지 못한 사람은 남에게 미움을 받는다는 말.

- 모로 가도 서울만 가면 된다.

  어떤 방법으로라도 처음 목적을 이루면 된다는 뜻.

- 모르면 약이요, 아는 게 병이라.

  아무것도 모르면 마음이 편안하고 좋으나, 무엇을 좀 알게 되면 도리어 걱정거리만 되어 해롭다는 말.

- 목구멍에 풀칠한다.

  굶어 죽을 정도는 아니고 겨우 먹고산다는 말.

- 목마른 놈이 우물 판다.

  자기가 급해야 서둘러 일을 시작한다는 말.

- 못 먹는 감 찔러나 본다.

  자기가 갖지 못할 바에야 남도 갖지 못하도록 못 쓰게 만들자는 뒤틀린 음을 이르는 말.

- 못 입어 잘난 놈 없고, 잘 입어 못난 놈 없다.

  잘난 사람도 돈이 없어 옷을 잘 입지 못하면 못나 보이고, 못난 사람도 돈이 많아 옷을 잘 입으면 잘나 보인다는 뜻.

- 물 샐 틈 없다.

  계획한 일에 조금의 빈틈도 없다.

- 문지방이 닳도록 드나들다.

  매우 자주 드나든다는 뜻.

- 물이 깊어야 고기가 모인다.

  덕이 커야 따르는 사람이 많다는 뜻. 하잘것없는 사람이 잘난 체하며 아니꼽게 군다는 말.

- 미꾸라지 용 됐다.

  변변치 못한 사람이 훌륭하게 되었을 때 이르는 말.

- 미꾸라지 한 마리가 온 웅덩이 흐린다.

  못된 사람 하나가 온 집안이나 사회에 해를 끼친다는 뜻.

- 미련하기가 곰 같다.

  매우 미련한 사람을 이르는 말.

- 미운 놈 떡 하나 더 준다.

  미운 사람일수록 더 친절히 해야 감정도 상하지 않고 후환이 없다는 말.

- 미친개가 호랑이 잡는다.

  미친개가 정신없이 날뛰면 호랑이 같은 무서운 짐승도 잡는다는 뜻에서 한 일에 열중하면 무슨 일이든 해낼 수 있다는 말.

- 믿는 도끼에 발등 찍힌다.

  아무 염려 없다고 철통같이 믿고 있었던 일을 실패했을 때 쓰는 말. (누군가에 배신당했을 때.)

- 밑도 끝도 없다.

  시작도 끝맺음도 없다는 뜻으로서 무슨 일인지도 모르는 말을 불쑥할 때 쓰는 말.

- 밑 빠진 독에 물 붓기.

  아무리 애써서 일을 해도 끝이 없고 보람도 없을 때 이르는 말.

- 바늘 도둑이 소 도둑 된다.

  조그만 것도 자꾸 훔치게 되면 나중에는 큰 것까지 도둑질하게 된다는 뜻.

- 바늘방석에 앉은 것 같다.

  자리에 있기가 매우 불안할 때 이르는 말.

- 발등에 불이 떨어졌다.

  갑자기 피하기 어려운 일이 닥쳤다는 말.

- 법 없이도 살 사람.

  법적으로 규제를 하지 않고도 나쁜 짓을 하지 않을 착하고 정직한 사람이라는 말.

- 벽창호.

  고집이 매우 세어 남의 말을 듣지 않고 아주 무뚝뚝한 사람을 가리키는 말.

- 변덕이 죽 끓는 듯한다.

  마음이 이랬다저랬다 잘 변하는 사람을 일컫는 말.

- 복날 개 패듯 한다.

  인정사정 봐주지 않고 심하게 때린다는 말.

- 부처님 가운데 토막.

  마음이 무척 어질고 착한 사람을 이르는 말.

- 불 눈 녹듯 한다.

  금방 사라져 버린다는 뜻.

- 불에 놀란 놈이 부지깽이만 봐도 놀란다.

  어떤 일에 몹시 혼이 난 사람은 그와 관계있는 것만 봐도 겁을 낸다는 말.

- 비는 데는 무쇠도 녹인다.

  자기의 잘못을 뉘우치고 빌면 아무리 고집이 세고 완고한 사람도 용서하지 않을 수 없다는 말.

- 비를 드니 마당을 쓸라 한다.

  어떤 일을 스스로 하려고 하는데 마침 남이 그 일을 시켜서 신이 나지 않을 때 쓰는 말.

- 비 맞은 김에 머리 감는다.

  좋은 기회가 생겼을 때에 일을 한다는 말.

- 배만 부르면 제 세상인 줄 안다.

  배불리 먹기만 하면 아무 근심걱정도 없다는 말.

- 백지장도 맞들면 낫다.

  아무리 쉬운 일이라도 혼자 하는 것보다 서로 힘을 합쳐서 하면 더 쉽다는 말.

- 벙어리 속은 그 어미도 모른다.

  말하지 않으면 그 누구도 모른다는 뜻.

- 벼룩의 간을 내어 먹는다.

  극히 적은 이익을 치사한 방법으로 얻는다는 뜻.

- 벽을 치면 대들보가 울린다.

  암시만 해도 곧 알아듣는다.

- 보기 좋은 떡이 먹기도 좋다.

  겉모양이 좋으면 그 내용도 좋다는 말.

- 보채는 아이 밥 한 술 더 준다.

  무슨 일이든 가만히 있지 않고 조르며 서두르는 사람에게 더 잘해 준다는 말.

- 복 중에는 건강 복이 제일이다.

  사람은 건강한 것이 가장 중요한 것이라는 뜻.

- 배보다 배꼽이 더 크다.

  주가 되는 것보다 부수적인 것이 더 크거나 많다는 말.

- 배움 길에는 지름길이 없다.

  학문은 착실히 순서대로 공부해 나가야지 다른 방법이 없다는 말.

- 배고픈 데 장사 없다.

  아무리 강한 사람이라도 배고픈 건 참을 수 없다는 뜻.

- 부전자전.

  아들의 성격이나 생활습관 따위가 아버지와 같거나 비슷함.

- 비 온 뒤에 땅이 굳어진다.

  곤란한 일이나 어려운 일을 겪고 나면, 일의 기초가 더욱 튼튼해진다는 말.

- 빌어먹은 놈이 콩밥을 마다할까.

  매우 아쉽거나 급히 필요한 것은 좋고 나쁨을 가릴 겨를이 없다는 말.

사

- **사내나이 열다섯이면 호패를 찬다.**

  남자가 열다섯 살이 되면 한 사람의 남자 자격이 있는 것이나 마찬가지니 제 구실을 당당히 하라는 말.

- **사돈 남 말 한다.**

  제 일은 제쳐 놓고 남의 일에 참견할 때 쓰는 말.

- **사람 나고 돈 났지, 돈 나고 사람 났나.**

  사람보다 돈을 소중히 여길 때 핀잔주는 말.

- **사람은 먹고살기 마련이다.**

  생활이 곤란하여 곧 굶어 죽을 것 같으나, 그래도 어떻게 해서든지 먹고살아 나간다 하여 이르는 말.

- **사랑은 내리 사랑.**

  부모가 자식을 사랑하는 마음이, 자식이 부모를 사랑하는 마음보다 항상 크다는 말.

- **사서 고생한다.**

  힘든 일을 괜히 자기가 만들어 고생한다는 말.

- **사시나무 떨듯 한다.**

  몸을 무척 떤다는 뜻. 추울 때나 무서워서 벌벌 떨 때 주로 쓰는 말.

- **사탕발림.**

  얕은 속임수로 겉만 그럴듯하게 잘 꾸민다는 뜻.

- **산 입에 거미줄 치랴.**

  살기가 어렵다고 쉽사리 죽기야 하겠느냐는 말.

- **서당 개 삼 년이면 풍월을 읊는다.**

  무식한 사람도 어떤 일이든 오래 보고 듣게 되면 자연히 견문이 생긴다는 말.

- **선무당이 사람 잡는다.**

  잘 알지도 못하면서 잘 아는 체하다가 일을 그르칠 때 쓰는 말.

- **설마가 사람 잡는다.**

  설마 그러할 리가. 하고 믿던 일에 크게 어그러진다는 말.

- **성인도 하루에 죽을 말을 세 번 한다.**

  아무리 훌륭한 사람일지라도 실수는 하기 마련이라는 뜻.

- **새 발의 피.**

  어떤 것이 차지하는 분량이 매우 적음.

- **생일날 잘 먹으려고 이레를 굶는다.**

  미리부터 앞일을 지나치게 바라고 기다린다는 뜻으로 현재 일을 소홀히 하면 안 된다는 말.

- **세월이 약이다.**

  크게 마음이 상하여 고통스러운 일도 오랜 세월이 흐르면 저절로 잊게 된다는 말.

- **쇠뿔도 단김에 빼라.**

  무슨 일을 하려고 했으면 주저 없이 곧 행동으로 옮기라는 뜻.

- **숯불도 한 덩이는 쉬 꺼진다.**

  여러 개의 숯이 빨갛게 불 피워진 데서 한 개를 꺼내 놓으면 그 한 개의 불은 곧 꺼지듯이, 사람도 여럿이서 힘을 모아야 일이 잘된다는 뜻.

- **산 넘어 산이다.**

  갈수록 고생이 점점 더 심해진다는 뜻.

- **산 밖에 난 범이요, 물 밖에 난 고기.**

  자기의 힘을 발휘할 수 없는 궁지에 빠진 경우를 말함.

- 살얼음을 밟는 것 같다.

  위태위태하여 마음이 몹시 불안할 때 쓰는 말.

- 삼 년 가는 흉 없고, 석 달 가는 칭찬 없다.

  남이 하는 흉이나 칭찬은 오래 가지 않는다는 뜻.

- 삼천갑자 동방삭이도 제 죽을 날 몰랐다.

  사람은 누구나 자기의 운명을 모른다는 말.

- 새벽달 보려고 초저녁부터 기다린다.

  무슨 일을 너무 서두를 때 쓰는 말.

- 손이 부끄럽다.

  내민 손을 무시당할 때 쓰는 말로 많은 무안을 당했다는 뜻.

- 손뼉도 마주쳐야 소리가 난다.

  서로 손이 맞아야 같이 일을 할 수 있다는 말.

- 신작로 놓으니까 문둥이 먼저 지나간다.

  애써서 한 일을 아무 관계없는 자가 그르쳐 보람이 없게 되었다는 말.

- 실가는 데 바늘 간다.

  둘이서 떨어지지 않고 반드시 같이 다닐 정도로 사이가 좋다는 말.

- **십 년을 같이 산 시어미 성도 모른다.**

  사람은 흔히 가까운 일에 관심을 두지 않아 모르고 지내는 수가 많다는 말.

- **십 년이면 강산도 변한다.**

  세월이 흐르면 변하지 않는 것이 없다는 말.

- **새침데기 골로 빠진다.**

  얌전하고 말도 잘 안 하는 사람이 한번 잘못 길을 들면 보통 사람들보다 욱 나쁜 길로 빠지게 된다는 뜻.

아

- **아니 땐 굴뚝에 연기 날까.**

  원인이 없으면 결과가 없다는 뜻.

- **아닌 밤중에 홍두깨.**

  예상치도 않았는데 갑자기 뭔가가 나타나는 것을 이르는 말.

- **아랫돌 빼서 윗돌 괴기.**

  그때그때 임시로 이리저리 돌려서 겨우 유지하여 가는 것을 뜻함.

- 아비만 한 자식 없다.

  자식이 아무리 훌륭하게 되었더라도 그 아버지만은 못하다는 말.

- 아이들이 아니면 웃을 일이 없다.

  아무리 우울하고 걱정이 있어도 순진하고 귀여운 아이들이 집안을 즐겁고 사랑하게 하여 웃게 되는 것을 말함.

- 알 못 낳는 암탉이 먼저 죽는다.

  자기가 해야 할 일을 못 하면 대우를 못 받는다는 것.

- 앓던 이가 빠진 것 같다.

  매우 걱정되던 일이 해결돼 속이 시원하다는 뜻.

- 앞길이 구만 리 같다.

  뜻한 바를 이루려면 아직도 남은 길이 멀고, 해야 할 일이 많다는 말.

- 얌전한 강아지 부뚜막에 먼저 오른다.

  겉으로는 얌전한 척하는 사람이 먼저 얌체 같은 짓을 할 때 쓰는 말.

- 어깨 너머 글.

  남이 배우는 옆에서 얻어 들어 스스로 익힌 글이라는 뜻.

- 어른 말을 들으면 자다가도 떡이 생긴다.

  지식이 많고 경험이 많은 어른들의 말을 들으면 이롭다는 뜻.

- 어린아이 보는 데는 물도 못 마신다.

  어린아이들은 어른들이 하는 대로 따라하니까 아이들 앞에서는 행동을 주의하라는 뜻.

- 어물전 망신 꼴뚜기가 시킨다.

  못난 것은 언제나 자기가 속해 있는 단체 사람에게 폐를 끼친다는 뜻.

- 언 발에 오줌 누기.

  잠시 동안만 효과가 있을 뿐 곧 효력이 없어지고 마침내 더 나쁘게 될 일을 한다는 말.

- 얼굴값도 못한다.

  생김새는 그렇지 않은데 말과 행동을 제대로 못한다는 뜻.

- 얼굴에 똥칠한다.

  얼굴을 들고 다닐 수 없을 만큼 부끄러운 짓을 한다는 말.

- 엎어진 김에 쉬어 간다.

  잘못된 경우를 좋은 기회로 삼아 자기가 하려던 일을 한다는 뜻.

- 열 번 찍어 안 넘어가는 나무 없다.
  계속해서 노력하면 뜻을 이룬다는 말.

- 열 사람이 지켜도 한 도적을 못 막는다.
  여럿이 지키고 살펴도 어떤 사람이 나쁜 짓을 하려 들면 막을 수 없다는 말.

- 염불에는 마음이 없고, 잿밥에만 마음이 있다.
  자기가 마땅히 해야 할 일에는 정성이 없고 욕심 채우는 데만 마음을 쓴다는 말.

- 엿 장수 마음대로.
  엿 장수가 엿을 크게 떼기도 하고 작게 떼기도 하듯 어떤 일에 결정권을 가진 사람이 그 일을 결정하게 된다는 말.

- 옛말 그른 데 없다.
  예로부터 전해 내려오는 말은 다 옳다는 말.

- 오르지 못할 나무는 쳐다보지도 말라.
  자기 분수에 넘어서는 짓이면 바라지도 말라는 말.

- 오장이 뒤집힌다.
  마음이 몹시 상하여 참을 수 없을 때 쓰는 말.

- 옥에도 티가 있다.

  아무리 훌륭한 사람이나 물건이라도 따지고 보면 약간의 결점은 있다는 말.

- 올챙이 어릴 적 생각은 못 하고 개구리 된 생각만 한다.

  성공한 사람이 그 전에 고생하고 어려웠던 때는 잊어버리고 거만한 행동을 한다는 뜻. 뒷일이야 어떻게 되든 당장 하고 싶은 대로 한다는 말.

- 외상이라면 소도 잡아먹는다.

  뒷일은 어떻게 되든지 생각하지도 않고 우선 당장 좋으면 그만인 것처럼 무턱대고 행동함을 비유적으로 이르는 말.

- 용 꿈 꾸었다.

  매우 좋은 수가 생길 것이라는 말.

- 우물에 가 숭늉 찾는다.

  성미가 몹시 급하여 터무니없이 재촉하거나 서두를 때 쓰는 말.

- 우물 안 개구리.

  넓은 세상의 형편을 알지 못하거나 식견이 좁은 사람을 비유로 일컫는 말.

- 원수는 외나무다리에서 만난다.

  원수를 만들면 피할 수 없다는 곳에서 마주치게 된다는 뜻.

- 의가 좋으면 천하도 반분한다.

  사이가 좋으면 아무리 귀중한 것이라도 나누어 가진다는 뜻.

- 의식이 풍족한 다음에야 예절을 차리게 된다.

  살림이 넉넉해야 예절을 차리고 사람 사는 도리를 다할 수 있다는 말.

- 익은 밥 먹고 선소리한다.

  이치에 맞지 않거나, 말도 안 되는 소리를 하는 사람을 가리키는 말.

- 일에는 굼벵이요, 먹는 데는 돼지다.

  일은 게으르게 느릿느릿 하면서도 먹는 것은 많이 먹는다는 뜻.

- 임도 보고 뽕도 따고.

  한꺼번에 두 가지 일을 이루고자 꾀한다는 것을 이르는 말.

- 입술에 침이나 바르고 거짓말해야지.

  얼굴 표정도 변하지 않고 천연덕스럽게 거짓말을 하는 것을 이르는 말.

자

- 자다가 남의 다리 긁는다.

  잠결에 남의 다리를 긁는다는 뜻으로 다른 데 정신 팔고 있다가 엉뚱한 행동이나 말을 할 때 쓰는 말.

- 자라 보고 놀란 가슴, 솥뚜껑 보고도 놀란다.

  어떤 것에 한 번 몹시 놀란 사람은 비슷한 것만 봐도 겁을 낸다는 뜻.

- 자식도 품안에 들 때 내 자식이지.

  자식이 어릴 때는 부모 말을 잘 듣지만, 크면 지 맘대로 하고 말을 안 듣는다는 뜻.

- 작은 도끼도 연달아 치면 큰 나무를 눕힌다.

  작은 힘으로도 열심히 일하면 큰일을 할 수 있다는 말.

- 작은 고추가 맵다.

  몸집이 작은 사람이 큰 사람보다 오히려 재주가 뛰어날 때 쓰는 말.

- 잔디밭에서 바늘 찾기.

  아무리 해 봐도 헛수고일 때를 말함.

- 잔뼈가 굵어진다.

  어려서부터 한 가지 일을 하면서 자랐다는 뜻.

- 잘 자랄 나무는 떡잎부터 알아본다.

  잘될 사람은 어려서부터 남달리 장래성이 있어 보인다는 말.

- 잠을 자야 꿈을 꾸지.

  어떤 결과를 얻으려면, 결과를 얻을 수 있는 바탕을 마련해야 한다는 뜻.

- 장부가 칼을 빼었다가 도로 꽂나.

  굳게 결심한 일에 방해가 좀 있다고 해서 그만둘 수는 없다는 뜻.

- 장대로 별 따기.

  되지도 않을 짓을 미련하게 한다는 말.

- 재주는 곰이 부리고 돈은 되놈이 번다.

  서커스를 하면 곰이 재주를 부리는데 돈은 중국 사람이 받는다는 뜻에서 엉뚱한 사람이 이익을 본다는 말.

- 젊어서 고생은 사서도 한다.

  젊었을 때 고생이 좀 되더라도 부지런히 노력하면 훗날 큰 보람을 얻을 수 있다는 말.

- 절에 간 색시.

  남이 시키는 대로 할 수밖에 없는 처지라는 뜻.

- 정들자 이별.

  만난 지 얼마 되지 않아 곧 헤어지게 되었다는 말.

- 종이호랑이.

  보기에는 무서우나 실제로는 별것 아니라는 의미이다.

- 주먹은 가깝고 법은 멀다.

  화가 날 때 법으로 해결하지 않고 당장에 힘으로 처리한다는 뜻.

- 죽 쑤어 개 좋은 일하였다.

  힘들여서 한 일에 남에게만 이롭게 되었을 때 쓰는 말.

- 죽어도 한이 없다.

  세상에 더 이상 바랄게 없을 만큼 큰 것을 이루었다는 말.

- 죽어 석 잔 술이 살아 한 잔 술만 못하다.

  죽은 뒤에 아무리 정성을 다해도 살아 있을 때 조금 생각한 것만 못하다는 뜻.

- 죽은 사람 소원도 들어준다.

  죽은 사람의 소원도 들어주는데 산 사람의 소원이야 못 들어주겠냐는 뜻의 말.

- 중매는 잘하면 술이 석 잔이고, 못하면 뺨이 세 대라.

  사람의 혼인 중매는 매우 어려운 일이니 섣불리 할 일이 아니라는 뜻.

- 쥐구멍에도 볕 들 날이 있다.

  캄캄한 쥐구멍도 언젠가는 햇빛이 든다는 말로 고생을 심하게 해도 언젠가는 좋은 때가 온다는 말.

- 쥐도 새도 모른다.

  아무도 모르게 감쪽같이 어떤 일을 할 때 쓰는 말.

- 지렁이도 밟으면 꿈틀한다.

  아무리 미천하거나 약한 사람일지라도 지나치게 업신여기면 성을 낸다는 뜻.

- 지옥에도 부처가 있다.

  어려울 때 도와주는 사람이 있다는 뜻.

- 절에 가서 빗 장사한다.

  형편이 어떻게 돌아가는지도 모르고 무슨 일을 한다는 뜻.

- 정직한 사람의 자식은 굶어 죽지 않는다.

  정직한 사람은 언제든지 복을 받게 된다는 말.

- 제 논에 물 대기.

  자기에게만 유리하도록 일을 한다는 말.

- **제 코가 석 자.**

  남을 도와주기는커녕, 자기도 몹시 어려운 처지에 놓여 있다는 뜻.

- **족제비도 낯짝이 있다.**

  염치없는 뻔뻔한 사람을 나무라는 말.

[차]

- **찬물도 위아래가 있다.**

  모든 일에는 순서가 있으니 그 순서를 따라 해야 한다는 말.

- **참새가 방앗간을 그저 지나랴.**

  자기가 좋아하는 곳을 그냥 지나지 못한다는 뜻.

- **천 냥 빚도 말로 갚는다.**

  말 재주가 좋으면 큰 빚도 면제 받을 수 있다는 말.

- **천 리 길도 한 걸음부터.**

  아무리 큰일일지라도 작은 것에서부터 시작해야 한다는 뜻.

- **천지가 무너진다.**

  하늘과 땅이 무너진다. 즉 어떤 무서운 일이 일어난다는 뜻.

- 철들자 망령이라.

  어물어물하다가 아무 일도 이루지 못하고 나이만 먹는 것을 경계하는 말로 무슨 일이든 때를 놓치지 말고 제때에 힘쓰라는 뜻.

- 첫딸은 살림 밑천이다.

  첫딸은 집안의 모든 일에 도움이 된다는 뜻.

- 참새 잡으려다 꿩 놓친다.

  작은 것을 탐내다가 큰 것을 잃고 만다.

- 책망은 몰래 하고 칭찬은 알게 하랬다.

  남을 꾸짖을 때는 다른 사람이 모르게 하고, 남을 칭찬할 때는 여러 사람이 알게 하라.

- 처갓집 말뚝에 절하겠네.

  아내를 지극히 사랑하는 사람이 처갓집을 지나치게 우대하는 것을 경계하는 말.

- 첫사위가 오면 장모가 신을 거꾸로 신고 나간다.

  처갓집에서 사위가 크게 환영받는 것을 뜻함.

- 첫술에 배부르랴.

  처음 떠먹는 한 숟가락의 밥에 배가 부르겠냐는 말처럼, 무슨 일이든 단번에 만족할 수 없다는 말.

- 초상 집 개 같다.

  무척 굶주려서 초라하기 이를 데 없는 것을 보고 하는 말.

- 치마폭이 넓다.

  자기와 상관도 없는 남의 일에 지나치게 참견한다는 뜻.

- 친구는 옛 친구가 좋고, 옷은 새것이 좋다.

  친구는 오래 사귈수록 좋고 그 우정이 더욱 두터워진다는 말.

카

- 칼 든 놈은 칼로 망한다.

  남을 해치려는 사람은 반드시 남의 해침을 받는다는 뜻.

- 칼 물고 뜀뛰기.

  매우 위험한 지경에 놓이게 되었다는 말.

- 코 묻은 돈.

  어린아이가 가진 적은 돈이라는 뜻.

- 콧방귀만 뀐다.

  남의 말은 들은 체 만 체 아무 대꾸도 아니하는 것을 이르는 말.

- 콩 볶아먹다가 가마솥 깨뜨린다.
  작은 일을 야무지지 못하게 하다가 큰 탈이 난다는 뜻.

- 콩 심어라, 팥 심어라 한다.
  작은 일을 가지고 일일이 지나친 간섭을 한다는 뜻.

- 콩 심은 데 콩 나고 팥 심은 데 팥 난다.
  모든 일은 원인에 따라 결과가 생긴다는 말.

- 콩으로 메주를 쑨다 해도 곧이듣지 않는다.
  거짓말을 잘하면, 참말을 해도 사람들이 믿지 않는다는 뜻.

- 콩을 팥이라 해도 곧이듣는다.
  평소에 신용이 있는 사람의 말은 무슨 말이라도 믿는다는 뜻.

- 큰 둑도 개미구멍으로 무너진다.
  아주 작은 흠이라도 곧 고치지 않으면 그 흠 때문에 일을 망치게 된다.

- 키는 작아도 담은 크다.
  키가 작아도 용감한 사람을 가리키는 말.

- 키 크고 싱겁지 않은 사람 없다.
  키가 큰 사람 중에 싱거운 행동을 한 사람이 많다.

타

- **털도 안 뜯고 먹겠다 한다.**
  사리를 돌보지 아니하고 남의 것을 통으로 먹으려 함을 비유적으로 이르는 말.

- **털 뜯은 꿩.**
  꼭 있어야 될 것을 빼앗겨서 모양이 괴상하거나 몰골이 초라하게 된 것을 이르는 말.

- **털어서 먼지 안 나는 사람 없다.**
  누구나 결점을 찾아보면 하나도 허물이 없는 사람이 없다는 뜻.

- **토끼 둘을 잡으려다가 하나도 못 잡는다.**
  욕심을 부려 한꺼번에 여러 가지를 하려다 어느 한 가지도 이루지 못한다는 뜻.

- **토끼를 다 잡으면 사냥개를 삶는다.**
  필요한 때는 소중히 여기다가도, 필요 없게 되면 천대하고 버린다는 뜻.

- **티끌 모아 태산.**
  작은 것이라도 많이 모이면 큰 것을 이룬다는 뜻.

- 터를 잡아야 집을 짓는다.

  모든 일에는 순서가 있어야 한다는 말.

파

- 파리 목숨 같다.

  목숨이 보잘것없는 것으로 여겨짐을 이르는 말.

- 판에 박은 듯하다.

  여럿이 신통하게도 한결같이 똑같을 때 쓰는 말.

- 팔은 안으로 굽는다.

  팔이 자기 쪽으로 굽듯이 누구나 가까운 사람에게 정이 더 간다는 말.

- 패는 곡식 이삭 뽑기(빼기).

  이제 막 열매를 맺으려고 나오는 이삭을 잡아 빼 버린다는 말로, 매우
  심통이 사납다는 뜻.

- 편지에 문안.

  편지에는 빠져서는 안 되는 인사말이 있어야 함이니, 항상 빠져서는
  안 되는 것을 이르는 말.

- 평양 감사도 저 싫으면 그만이다.

  아무리 좋은 일이라도 자기 마음에 들지 않으면 억지로 시키기 힘들다는 뜻.

- 품안에 있어야 자식이라.

  자식이 어렸을 때는 부모를 따르나 차츰 자라면 부모로부터 멀어진다하여 쓰는 말.

- 평지에서 낙상한다.

  어려움이라고는 전혀 없는 곳에서 실패한다는 뜻.

- 포수 집 강아지 범 무서운 줄 모른다.

  큰 세력 믿고 주제넘게 날뛴다.

- 푸줏간에 든 소.

  죽을 처지에 놓여 아무리 애를 써도 벗어나지 못하게 된 처지를 이르는 말.

- 풀 없는 밭 없다.

  어느 밭에나 풀이 나 있듯이, 어느 곳이든지 나쁜 사람이 꼭 끼여 있다는 뜻.

- 풀을 없애려면 뿌리까지 뽑아야 한다.

  나쁜 일은, 다시는 하지 못하도록 그 바탕까지 쓸어 버려야 한다는 뜻.

- 핑계 없는 무덤 없다.

  무슨 일이라도 반드시 핑계거리는 있다는 뜻.

- 핑계 핑계 도라지 캐러 간다.

  적당한 핑계를 둘러 대고 놀러 간다는 뜻.

하

- 하고 싶은 말은 내일 하랬다.

  하고 싶은 말이 있으면 충분히 생각하고 나서 해야만 실수가 없다는 뜻.

- 하나를 보면 열을 안다.

  일부를 보고 미루어 전체를 알 수 있다는 말.

- 하늘 높은 줄은 모르고, 땅 넓은 줄만 안다.

  키 작고 뚱뚱한 사람을 놀리는 말.

- 하늘로 올라가랴, 땅속으로 들어가랴.

  어디로도 숨을 수 없어 꼼짝 못 하게 된 것을 이르는 말.

• 하늘이 무너지고 땅이 갈라진다.

예기치 못했던 슬픈 소식에 충격을 받아 가슴이 아픈 상태를 표현하는
말.

• 하루 물림이 열흘 간다.

일을 한 번 뒤로 미루기 시작하면 자꾸 미루게 된다는 말로서, 무슨 일
이든 뒤로 미루지 말고 하라는 뜻.

• 하루살이 불 보고 덤비듯 한다.

저 죽을 줄 모르고 미련하게 함부로 덤빈다는 말.

• 하루 세끼 밥 먹듯.

지극히 평범하다는 말.

• 하룻강아지 범 무서운 줄 모른다.

철없이 아무한테나 함부로 덤빌 때 쓰는 말.

• 한 가지로 열 가지를 안다.

한 가지 행동을 보면 그 사람의 모든 행동을 다 알 수 있다는 뜻.

• 한 귀로 듣고 한 귀로 흘린다.

남의 말을 주의해서 듣지 않아, 듣지 않은 것과 같다는 말.

- 한 번 엎지른 물은 다시 주워 담지 못한다.

  한 번 해 버린 일은 전과 같이 하려고 해도, 다시 돌이켜 회복할 수 없다.

- 한 섬 빼앗아 백 섬 채운다.

  돈 있는 사람이 욕심은 더 많다는 뜻.

- 한 푼 아끼려다 백 냥 잃는다.

  작은 것을 아끼다가 큰 손해를 본다는 뜻.

- 한 푼을 아끼면 한 푼이 모인다.

  돈은 아끼는 대로 모인다.

- 해가 서쪽에서 뜨겠다.

  나쁜 짓만 하던 사람이 착한 일을 했을 때 쓰는 말.

- 헌 배에 물푸기.

  낡은 배의 밑창에 구멍이 나서 물이 자꾸 새어 들어오는데, 그 구멍을 그냥 두고 물을 퍼내면 소용이 없다는 말로, 근본이 되는 원인을 처리하지 않고 겉으로 드러난 일만 처리한다면 문제점이 계속 생긴다는 뜻.

- 헌 신짝 버리듯 한다.

  조금도 아까운 기색 없이 서슴지 않고 내버리고 돌아보지도 않는다는 뜻.

- 호랑이한테 물려 가도 정신만 차리면 산다.

  아무리 힘들고 무서운 상황일지라도 침착하기만 하면 살아날 수 있다는 말.

- 호랑이도 제 말하면 온다.

  제삼자에 관한 이야기를 할 때 공교롭게 그 사람이 온다는 말.

격언번역

1. 너 자신을 알라.

- 소크라테스

2. 아는 것이 힘이다.

- 베이콘

3. 펜은 칼보다 강하다.

- 에드워드 불루워

4. 말보다행동이 더 효과적이다.

- 속담

5. 한 장의 그림이 천 마디 말의 가치가 있다.

- 발마드

6. 거지는 선택자가 될 수 없다.

- 속담

7. 일찍 일어나는 새가 벌레를 잡는다.

- 속담

8. 부하하기 전에 병아리를 세지 마라.

- 속담

9. 천천히, 꾸준히 노력하면 경기에서 이긴다.

- 속담

10. 성공의 열쇠는 실패다.

- 마이클 조던

11. 나는 느리게 걷는다. 그러나 결코 뒤로 걷지는 않는다.

- 아브라함 링컨

12. 죄는 미워하되 죄인은 사랑하라.

- 마하트마 간디

13. 너 자신을 사랑할 수 없다면 다른 사람도 사랑할 수 없다.

- 달라이라마

14. 큰일을 할 수 없다면 작은 일을 잘하라.

- 나포레옹 힐.

15. 상상할 수 있는 일은 현실이 된다.

- 파브로 피카소

16. 하는 일은 무슨 일이건 잘하라.

- 왈트 디즈니

17. 승리하면 조금 배울 수 있고 패배하면 모든 것을 배울 수 있다.

- 크리스티 매튜슨

18. 내일 죽을 것처럼 살아라. 영원히 살 것처럼 배워라.

- 마하트마 간디

19. 작가가 되길 원한다면 무엇보다 다음 두 가지 일을 하라. "많이 읽고 많이 써라."

- 스테픈 킹

20. 시작이 일의 가장 중요한 부분이다.

- 프라토

21. 정직은 지혜라는 책의 제일장에 온다.

- 토마스 제퍼슨

22. 행복은 너희들 자신에 달려 있다.

- 아리스토테레스

23. 일찍 자고 일찍 일어나면 건강하고 부유하며 현명해진다.

- 벤자민 프랭클린

24. 모든 작용에는 크기가 같고 방향이 반대인 힘이 존재한다.

- 아이작 뉴턴

25. 나는 생각한다. 고로 나는 존재한다.

- 데카르트

26. 의사소통에서 가장 주요한 것은 말하지 않는 것을 듣는 것이다.

- 피터 드루커

27. 만일 당신이 지옥을 통과하고 있다면 계속 가라.

- 윈스톤 처칠

28. 사랑의 반대는 미움이 아니라 무관심이다.

- 엘리 위젤

29. 하늘은 스스로 돕는 자를 돕는다.

- 속담

30. 천 리 길도 한 걸음부터.

- 라오 추

31. 연습이 완벽을 이룬다.

- 빈스 롬바드

32. 천재란 영원한 고통인 인내를 의미한다.

- 미켈란젤로

33. 너 자신을 아는 것이 모든 지혜의 시작이다.

- 아리스토텔레스

34. 자신의 생각을 바꾸고 세상을 바꿔라.

- 노먼 빈센트 필

35. 늘 갈망하고 우직하게 전진하라.

- 스티브 잡스

36. 바보와 논쟁하면 둘 다 바보라는 증거다.

- 도리스 엠 스미스

37. 당신의 성공을 위한 비밀은 당신의 일상 속에서 발견된다.

- 존 씨 막스웰

38. 길이 있는 곳으로 가지 말고 길이 없는 곳으로 가서 흔적을 남겨라.

- 왈도 에머슨

39. 어제는 역사이고 내일은 알 수 없는 미스터리이며 오늘은 선물이다. 그 이유는 오늘을 "프레젠트"라고 부르기 때문이다.

- 엘리노르 루즈벨트

40. 당신이 있는 곳에서 당신이 갖진 것으로 할 수 있는 것부터 시작하라.

- 에리노르 루즈벨트

41. 인생은 자전거를 타는 것과 같다. 균형을 잡기 위해서는 계속 움직여야 한다.

- 알버트 아인슈타인

42. 모두가 뛰어난 천재다. 하지만 당신이 물고기를 나무를 오르는 능력으로 판단한다면 그는 그의 전 생애를 그가 멍청하다고 믿으며 살게 될 것이다.

- 알버트 아인슈타인

43. 혼자서는 조금밖에 할 수 없지만 함께하면 많은 것을 할 수 있습니다.

　　　　　　　　　　　　　　　　　　　　　　　　 - 헬렌 켈러

44. 국민의, 국민에 의한, 국민을 위한 정부는 지구상에서 영원히 멸망하지 않을 것이다.

　　　　　　　　　　　　　　　　　　　　　　　　 - 아브라함 링컨

45. 나라가 너에게 무엇을 해 줄 것인가를 묻지 말고 네가 나라를 위해서 무엇을 할 수 있는가를 물어라.

　　　　　　　　　　　　　　　　　　　　　　　　 - 존 에프 케네디

46. 날 수 없으면 뛰고 뛸 수 없으면 걷고, 걸을 수 없으면 기어라. 그러나 무엇을 하든 계속 앞으로 나아가야 한다.

　　　　　　　　　　　　　　　　　　　　　　　　 - 마틴 루터 킹

47. 구하라, 그러면 너에게 주어질 것이요, 찾아라, 그러면 찾을 것이며 두드려라 그러면 너에게 열릴 것이니라.

　　　　　　　　　　　　　　　　　　　　　　　　 - 바이블

48. 행복의 문이 닫힐 때 또 다른 문이 열리지만 우리는 종종 그 닫힌 문을 더 오랫동안 바라봐서 우리를 위해 열린 문을 보지 않는다.

　　　　　　　　　　　　　　　　　　　　　　　　 - 헬렌 켈러

49. 한 가지 좋은 유일한 것은 지식이요, 나쁜 유일한 것은 무식이다.

　　　　　　　　　　　　　　　　　　　　　　　　 - 소크라테스

50. 무식, 그것은 모든 악의 뿌리인 동시에 줏대이다.

　　　　　　　　　　　　　　　　　　　　　　　　 - 플라톤

51. 천재란 1%의 영감과 99%의 땀으로 된다.

　　　　　　　　　　　　　　　　　　　　　　　　 - 에디슨

52. 사람은 살기 위해 먹어라. 먹기 위해서 살지 마라.

- 몰리에르

53. 배움을 멈추는 사람은 20대건 80대건 누구를 막론하고 늙은 것이다. 항상 배움을 실천하고 있는 사람은 젊습니다. 인생에서 가장 위대한 일은 젊음을 유지하는 것입니다.

- 마크 트웨인

54. 몸에 대한 양식만으로는 충분하지 않다. 정신적인 양식이 반드시 필요한 것이다.

- 도로디 데이

55. 사람이 잘 먹지 못하면 생각도, 사랑도 잠도 잘 잘 수 없다.

- 비지니아 울프

56. 친절은 귀먹은 이도 들을 수 있고 소경도 볼 수 있는 언어이다.

- 마크 트웨인

57. 우리의 삶의 목적은 행복을 누리는 것이다.

- 달라이 라마

58. 인생에서 10%는 자신에게 일어나는 사건에 달렸으며 90%는 그 사건에 어떻게 대처 하는가에 달렸다.

- 로우 홀츠

59. 모든 사람을 사랑하고, 소수의 사람을 믿으며 누구에게도 잘못을 저지르지 마라.

- 윌리엄 셰익스피어

60. 더 열심히 일할수록 더 많은 행운을 얻을 것 같습니다.

- 토마스 제퍼슨

대화의 격[格]을 높여주는 감동의 명언

세계속담

ⓒ 정태환, 2022

초판 1쇄 발행 2022년 12월 30일

편저   정태환
그림   이재훈
펴낸이   이기봉
편집   좋은땅 편집팀
펴낸곳   도서출판 좋은땅
주소   서울특별시 마포구 양화로12길 26 지월드빌딩 (서교동 395-7)
전화   02)374-8616~7
팩스   02)374-8614
이메일   gworldbook@naver.com
홈페이지 www.g-world.co.kr

ISBN   979-11-388-1537-6 (03740)